国際協力への扉

冨岡丈朗 著

T<small>OMIOKA</small> Takeaki

大空社出版

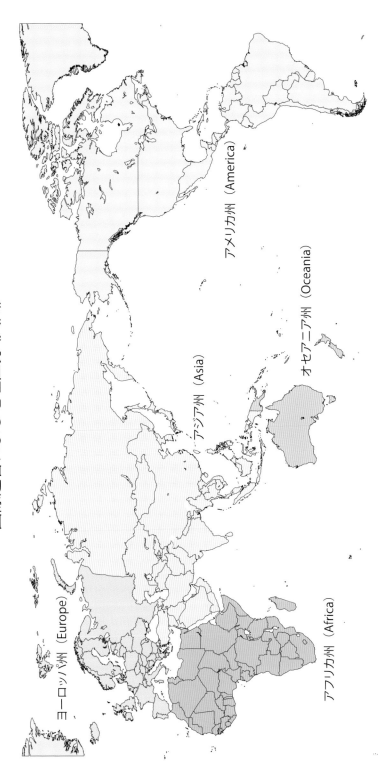

国際連合による地理区分（大州）※二つの州に分類される国・地域あり

アメリカ州（America）

オセアニア州（Oceania）

アジア州（Asia）

ヨーロッパ州（Europe）

アフリカ州（Africa）

アジア州（Asia）

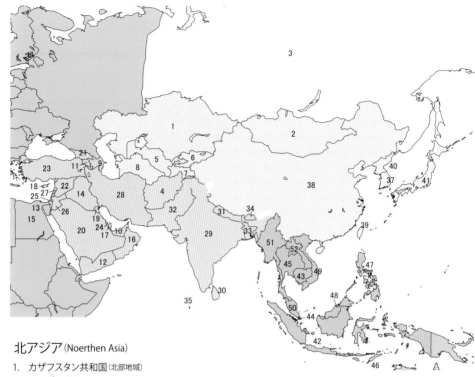

北アジア (Noerthen Asia)

1. カザフスタン共和国（北部地域）
2. モンゴル国
3. ロシア連邦

中央アジア (Central Asia) ＝トルキスタン

4. アフガニスタン・イスラム共和国（北部地域）
5. ウズベキスタン共和国
1. カザフスタン共和国
6. キルギス共和国
7. タジキスタン共和国
8. トルクメニスタン

西アジア (Western Asia) ＝中東・近東

9. アゼルバイジャン共和国
10. アラブ首長国連邦
11. アルメニア共和国
12. イエメン共和国
13. イスラエル国
14. イラク共和国
15. エジプト・アラブ共和国（アフリカに属すがスエズ運河より東側は西アジアに属す）
16. オマーン国
17. カタール国
18. キプロス共和国

19. クウェート国
20. サウジアラビア王国
21. ジョージア
22. シリア・アラブ共和国
23. トルコ共和国
24. バーレーン王国
25. パレスチナ自治区
26. ヨルダン・ハーシム王国
27. レバノン共和国
28. イラン・イスラム共和国

南アジア (Southern Asia)

4. アフガニスタン・イスラム共和国
29. インド共和国
30. スリランカ民主社会主義共和国
31. ネパール連邦民主共和国
32. パキスタン・イスラム共和国
33. バングラデシュ人民共和国
34. ブータン王国
35. モルディブ共和国
36. イギリス領インド洋地域

オセアニア州（Oceania） （地図外の国も含む）

オーストラリア・ニュージーランド (Australia and New Zealand)

1. オーストラリア連邦
2. ニュージーランド

メラネシア (Melanesia)

3. ソロモン諸島
4. バヌアツ共和国
5. パプアニューギニア独立国
6. フィジー共和国
7. ニューカレドニア（特別共同体；フランス領）
8. インドネシア領パプア州
9. インドネシア領西パプア州

ミクロネシア (Micronesia)

10. キリバス（ギルバート諸島）
11. ナウル共和国

12. パラオ共和国
13. マーシャル諸島共和国
14. ミクロネシア連邦
15. アメリカ合衆国領（自治連邦区；北マリアナ諸島、グアム、ウェーク島）
16. 日本領（小笠原諸島＊通例はアジアに分類）

ポリネシア (Polynesia)

17. キリバス（フェニックス諸島およびライン諸島のみ）
18. サモア独立国
19. ツバル
20. トンガ王国
21. ニウエ（ニュージーランド自由連合）
22. クック諸島（ニュージーランド自由連合）
23. フランス領（海外準県；ウォリス・フツナ、フランス領ポリネシア）
24. アメリカ合衆国領（ハワイ州、アメリカ領サモア、合衆国領有小離島）
25. ニュージーランド領トケラウ
26. イギリス領ピトケアン諸島
27. チリ領イースター島（ラパ・ヌイ）

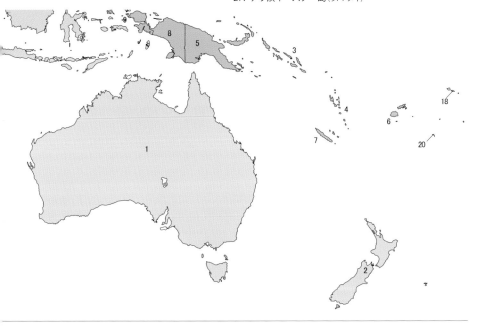

東アジア (Eastern Asia)

37. 大韓民国（韓国）
38. 中華人民共和国（中国；香港、マカオを含む）
39. 中華民国（台湾）
40. 朝鮮民主主義人民共和国（北朝鮮）
41. 日本国
2. モンゴル国

東南アジア (South-Eastern Asia)

42. インドネシア共和国
43. カンボジア王国
44. シンガポール共和国
45. タイ王国
46. 東ティモール民主共和国
47. フィリピン共和国

48. ブルネイ・ダルサラーム国
49. ベトナム社会主義共和国
50. マレーシア
51. ミャンマー連邦共和国
52. ラオス人民民主共和国

アフリカ州 （Africa）

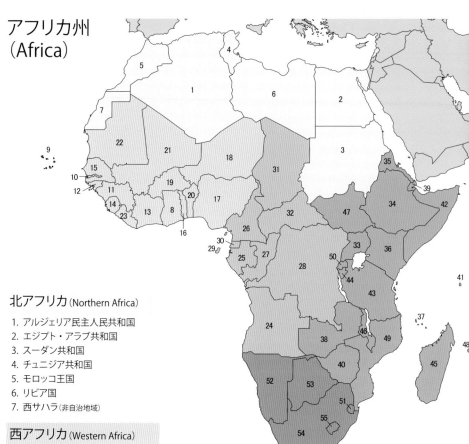

北アフリカ（Northern Africa）

1. アルジェリア民主人民共和国
2. エジプト・アラブ共和国
3. スーダン共和国
4. チュニジア共和国
5. モロッコ王国
6. リビア国
7. 西サハラ（非自治地域）

西アフリカ（Western Africa）

8. ガーナ共和国
9. カーボベルデ共和国
10. ガンビア共和国
11. ギニア共和国
12. ギニアビサウ共和国
13. コートジボワール共和国
14. シエラレオネ共和国
15. セネガル共和国
16. トーゴ共和国
17. ナイジェリア連邦共和国
18. ニジェール共和国
19. ブルキナファソ
20. ベナン共和国
21. マリ共和国
22. モーリタニア・イスラム共和国
23. リベリア共和国

中部アフリカ（Middle Africa）

24. アンゴラ共和国
25. ガボン共和国

26. カメルーン共和国
27. コンゴ共和国
28. コンゴ民主共和国
29. サントメ・プリンシペ民主共和国
30. 赤道ギニア共和国
31. チャド共和国
32. 中央アフリカ共和国

東アフリカ（Eastern Africa）

33. ウガンダ共和国
34. エチオピア連邦民主共和国
35. エリトリア国
36. ケニア共和国
37. コモロ連合
38. ザンビア共和国
39. ジブチ共和国
40. ジンバブエ共和国
41. セーシェル共和国

42. ソマリア連邦共和国
43. タンザニア連合共和国
44. ブルンジ共和国
45. マダガスカル共和国
46. マラウイ共和国
47. 南スーダン共和国
48. モーリシャス共和国
49. モザンビーク共和国
50. ルワンダ共和国

南部アフリカ （Southern Africa）

51. エスワティニ王国
52. ナミビア共和国
53. ボツワナ共和国
54. 南アフリカ共和国
55. レソト王国

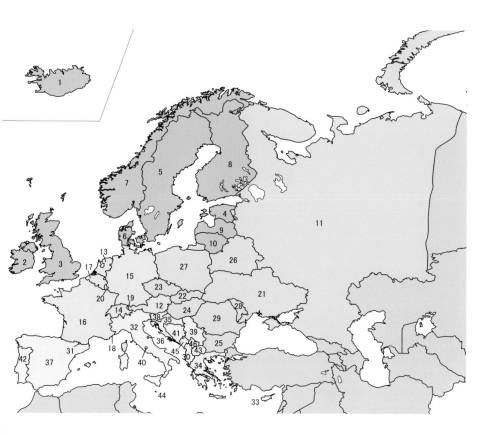

ヨーロッパ州 (Europe)

北ヨーロッパ
(Northern Europe)

1. アイスランド共和国
2. アイルランド
3. イギリス
4. エストニア共和国
5. スウェーデン王国
6. デンマーク王国
7. ノルウェー王国
8. フィンランド共和国
9. ラトビア共和国
10. リトアニア共和国
11. ロシア (ウラル山脈以東)

西ヨーロッパ
(Western Europe)

12. オーストリア共和国
13. オランダ王国
14. スイス連邦

15. ドイツ連邦共和国
16. フランス共和国
17. ベルギー王国
18. モナコ公国
19. リヒテンシュタイン公国
20. ルクセンブルク大公国

東ヨーロッパ
(Eastern Europe)

21. ウクライナ
22. スロバキア共和国
23. チェコ共和国
24. ハンガリー
25. ブルガリア共和国
26. ベラルーシ共和国
27. ポーランド共和国
28. モルドバ共和国
29. ルーマニア
11. ロシア連邦 (ウラル山脈以西)

南ヨーロッパ
(Southern Europe)

30. アルバニア共和国
31. アンドラ公国
32. イタリア共和国
33. キプロス共和国
34. ギリシャ共和国
35. クロアチア共和国
36. サンマリノ共和国
37. スペイン王国
38. スロベニア共和国
39. セルビア共和国
40. バチカン市国
41. ボスニア・ヘルツェゴビナ
42. ポルトガル共和国
43. 北マケドニア共和国
44. マルタ共和国
45. モンテネグロ
46. コソボ共和国

アメリカ州（Americas）

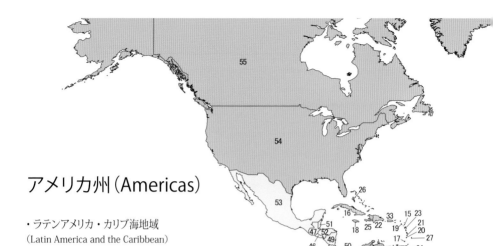

・ラテンアメリカ・カリブ海地域
(Latin America and the Caribbean)

南アメリカ (South America)

1. アルゼンチン共和国
2. ウルグアイ東方共和国
3. エクアドル共和国
4. ガイアナ共和国
5. コロンビア共和国
6. スリナム共和国
7. チリ共和国
8. パラグアイ共和国
9. ブラジル連邦共和国
10. ベネズエラ・ボリバル共和国
11. ペルー共和国
12. ボリビア多民族国
13. フォークランド諸島（イギリス）
14. フランス領ギアナ（フランス）

カリブ海地域 (Caribbean)

15. アンティグア・バーブーダ
16. キューバ共和国
17. グレナダ
18. ジャマイカ
19. セントクリストファー・ネイビス
20. セントビンセント及びグレナディーン諸島
21. セントルシア
22. ドミニカ共和国
23. ドミニカ国
24. トリニダード・トバゴ共和国
25. ハイチ共和国
26. バハマ国
27. バルバドス
28. ケイマン諸島（イギリス領）
29. タークス・カイコス諸島（イギリス領）
30. ヴァージン諸島（イギリス領）

31. アンギラ（イギリス領）
32. モントセラト（イギリス領）
33. プエルトリコ
　　（アメリカ合衆国領コモンウェルス）
34. アメリカ領ヴァージン諸島
　　（アメリカ合衆国領）
35. サン・マルタン（フランス領）
36. サン・バルテルミー島（フランス領）
37. アンティル（フランス領）
38. グアドループ（フランス領）
39. マルティニーク（フランス領）
40. シント・マールテン（オランダ領）
41. アルバ（オランダ領）
42. キュラソー島（オランダ領）
43. サバ島（オランダ領）
44. シント・ユースタティウス島
　　（オランダ領）
45. ボネール島（オランダ領）

中央アメリカ (Central America)

46. エルサルバドル共和国
47. グアテマラ共和国
48. コスタリカ共和国
49. ニカラグア共和国
50. パナマ共和国
51. ベリーズ
52. ホンジュラス共和国
53. メキシコ合衆国

・北部アメリカ地域
(Northern America)

北アメリカ (Northern America)

54. アメリカ合衆国
55. カナダ

参考文献：United Nations Statistics Division - Standard Country and Area Codes Classifications
（2018 年 2 月参照を改訂）

はじめに

　最近、グローバル化とかグローバリゼーションなどという言葉が、ニュースや新聞記事に頻繁に出てくるようになった。この本を読む皆さんには、次のように理解しておいてほしい。

　グローバル化とは、「社会的・経済的に国や地域を超えて世界規模でその結びつきが深まること」である。ただし、このグローバル化に何を含めるかによって意味合いは大きく変わってくる。たとえば「開発協力のグローバル化」と言う場合は、国や地域を超えた協力状況の可視化が実現し、世界規模での開発が進展することを指す。これは、現在世界で進められているSDGs（持続可能な開発目標：2030年までに17の開発目標を達成すること）の成功にもつながってゆく。

　簡単にいえば、これまでのように先進国が各自の方針と方法で発展途上国を援助するのではなく、先進国や途上国といった垣根を取り払い、地球規模で考え「だれ一人取り残されることのない世界を作ろう！」といった大きなムーブメントが開発協力にも訪れている。

　この本の前半Ⅰ「国際協力ダイアリー」では、私が国際協力に興味を持ったきっかけや、大学在学中から途上国の農村調査を実施し、その後は青年海外協力隊から一貫して国際協力の現場（様々な発展途上国）で技術協力に取り組んできた実体験（その主な履歴を一覧にしたのでまず眺めてほしい）を綴った。若い時は何気なくやっていたことでも、その後の仕事に役立つことも多々あったと感じている。将来、開発途上国での協力活動を志望する

人、日本や海外の国際機関で働いてみたい人には、目指す活動やキャリア構築のヒントになれば幸いである。

　後半Ⅱ「開発協力テキスト」では、「国際協力」について体系的に学べるように、その歴史的変遷やODAについて、NGO/NPOについて、ボランティア活動について、そもそも地域を開発するとはどういうことなのか、具体的な調査方法や、日本国内での地域開発などについて解説した。なお、Ⅱは私が大学の講義・演習用に作成し使用した、実践を目的とするテキストがもとになっている。

　「国際協力」という用語は、2015年2月、外務省によって「開発協力」と変更して定義されたが、本書では書名ほか文中でも「国際協力」を使用する場合がある。長年使い慣れ愛着あることに加え、「国際協力」にはやや広い意味合いがあるとも思っている。

　Ⅰ・Ⅱと合せ、ここには私の国際協力経験を、これからの人たちに伝える意図をもって集約したつもりである。本書を通じ、この機会にどんなことが自分にもできるのか？　読みながらじっくりと答えを出してほしい。

2021年　早春

冨 岡 丈 朗

私の〈国際協力〉主な履歴と概要

　このリストは私が携わった国際協力活動を年代順に一覧にしたものである。本書では一部の業務にしか触れることができなかったが、それぞれに語りたい物語・思い出が多くある。件名№は本文で参照するときの指標にする（〈履歴№ 10〉のように）。

　〈件名〉は協力活動の名称、以下、①どこで、②何の目的で、③依頼者は誰で、④具体的に何をしたか、を略記し従事した期間を添える。

件　名	①対象国　②技術サービスの種類 ③発注者　④担当業務	従事期間
1989（平成 1）		
01. 筑波国際農業研修センター「農業機械化」コース	①日本国内　②訓練指導 ③ JICA　④農業全般・教材作成	1989.1～ 56カ月
02. エジプト稲作機械化計画	①エジプト　②プロジェクト管理・訓練指導　③ JICA　④播種機開発	1990.7～ 1.8カ月
03. 北海道長沼町農村調査	①日本国内　②セクタースタディ ③ JICA　④農業経営	1991.8～ 2カ月
04. ニジェール国水利開発公社土木機械メンテナンスセンター完工事調査	①ニジェール　②プロジェクト管理・訓練指導　③ JICA　④メンテナンス施設・施工	1992.2～ 0.6カ月
05. マハベリ農業開発計画	①スリランカ　②プロジェクト管理・訓練指導　③ JICA　④農業普及	1992.11～ 24カ月
06. マハベリ地域農業実情調査	①スリランカ　②セクタースタディ ③ JICA　④農業全般	1992.11～ 4カ月
1995（平成 7）		
07. 千葉県印旛沼地域農村調査	①日本国内　②セクタースタディ ③ JA　④農業経営	1995.6～ 3カ月
08. ボホール総合農業振興計画	①フィリピン　②プロジェクト管理・訓練指導　③ JICA　④プロジェクト管理・訓練指導	1997.4～ 30カ月
09. ボホール総合農業振興計画ベースライン調査	①フィリピン　②プロジェクト管理・訓練指導　③ JICA　④農業全般	1997.4～ 3カ月
10. フィリピンカラバオセンター実情調査	①フィリピン　②セクタースタディ ③ JICA　④畜力利用	1998.1～ 0.2カ月

件　名	①対象国　②技術サービスの種類 ③発注者　④担当業務	従事期間

2001（平成13）

	件　名	①対象国　②技術サービスの種類 ③発注者　④担当業務	従事期間
11.	専門家派遣事業に関する調査研究	①タイ、フィリピン　②セクタースタディ ③外務省　④派遣事業分析・評価	2001.1〜 1.8カ月
12.	国別事業評価（外部機関による調査）第2次調査	①ボリビア　②プロジェクト管理 ③ JICA　④農林・水産・畜産・評価分析	2001.2〜 2カ月
13.	灌漑小規模農業振興計画終了時評価調査	①ガーナ　②プロジェクト管理・事後評価 ③ JICA　④栽培・営農・農業	2002.2〜 0.47カ月
14.	平成14・15年度専門家派遣前集合研修「計画・立案」「モニタリング評価」コース	①日本国内　②研修講師 ③国総研　④モデレータ	2002.5〜6日間 2002.6〜6日間 2003.1〜6日間 2003.5〜4日間
15.	国別事業評価（外部機関による調査）（第1・2年次）	①ホンジュラス、パナマ　②プロジェクト管理・事後評価　③ JICA④農林水産・畜産・人材育成	2001.11〜2.83カ月 2002.6〜1.27カ月

2003（平成15）

	件　名	①対象国　②技術サービスの種類 ③発注者　④担当業務	従事期間
16.	南南協力強化支援プロジェクト（チーム派遣）短期専門家	①メキシコ　②訓練指導　③ JICA④評価手法	2003.3〜 1.5カ月
17.	旧ユーゴスラビア共和国産業振興分野プロジェクト形成調査	①マケドニア　②プロジェクト管理 ③ JICA　④プロジェクト管理	2003.6〜 0.53カ月
18.	日本チリ・パートナーシッププログラム（JCPP）強化プロジェクト（技術協力プロジェクト）短期専門家	①チリ、ペルー、キューバ、ボリビア②プロジェクト管理・訓練指導③ JICA　④プロジェクト管理、評価手法	2003.9〜 4カ月
19.	JICA国別特設研修「南ア農業開発」コース	①日本国内　②研修講師　③ JICA 筑波④モデレータ	2004.2〜 4日間
20.	JICA国別特設研修「キューバ稲作」コース	①日本国内　②研修講師　③ JICA 筑波④モデレータ	2004.5〜 1日間
21.	平成16年度養成研修「PCM計画立案」コース	①日本国内　②研修講師　③国総研④モデレータ	2004.6〜 3日間
22.	JICA集団研修「国家測量事業計画立案」コース	①日本国内　②研修講師　③国土地理院④モデレータ	2004.6〜 3日間
23.	日本チリ・パートナーシッププログラム（JCPP）強化プロジェクト（技術協力プロジェクト）短期専門家	①チリ、アルゼンチン、エルサルバドル②プロジェクト管理・モニタリング、訓練指導　③ JICA　④プロジェクト管理、評価、モニタリング	2004.7〜 2.83カ月

件　名	①対象国　②技術サービスの種類 ③発注者　④担当業務	従事期間
2005（平成17）		
24. ボリビア「持続農村開発のための実践的研修計画」事前評価調査	①ボリビア　②プロジェクト管理 ③JICA　④評価分析	2005.3～ 0.97カ月
25. パナマ「中米・カリブ地域別研修：住民参加型農村開発プロジェクト運営管理コース」短期専門家	①パナマ　②訓練指導　③JICA ④農村開発研修（PCMモデレーターその他）	2005.12～ 0.67カ月
26. パプアニューギニア国「テレビ番組を活用した授業改善プロジェクト」短期専門家	①パプアニューギニア　②プロジェクト管理、評価・モニタリング ③JICA　④評価、モニタリング	2006.1～ 1.0カ月
27. パナマ「中米・カリブ地域別研修：住民参加型農村開発プロジェクト運営管理コース」短期専門家	①パナマ　②訓練指導　③JICA ④農村開発研修（PCMモデレーターその他）	2006.12～ 0.67カ月
28. ニカラグア農村社会開発「住民参加型防災森林管理行動計画」短期専門家	①ニカラグア　②プロジェクト管理、評価・モニタリング　③JICA　④参加型開発	2006.7～ 1.33カ月
2007（平成19）		
29. パプアニューギニア国「テレビ番組を活用した授業改善プロジェクト」短期専門家	①パプアニューギニア　②プロジェクト管理、評価・モニタリング ③JICA　④評価、モニタリング	2007.1～ 1.0カ月
30. パプアニューギニア国「テレビ番組を活用した授業改善プロジェクト」短期専門家	①パプアニューギニア　②プロジェクト管理、評価・モニタリング ③JICA　④評価、モニタリング	2007.8～ 1.0カ月
31. パナマ「中米・カリブ地域別研修：住民参加型農村開発プロジェクト運営管理コース」短期専門家	①パナマ　②訓練指導　③JICA ④農村開発研修（PCMモデレーターその他）	2007.12～ 0.67カ月
32. パラグアイ小農開発調査	①パラグアイ　②コミュニティ開発 ③JICA　④農業・農村開発・評価分析	2009.6～ 1.0カ月
33. 中米・カリブ地域別研修「住民参加型農村開発プロジェクト運営管理コース」	①日本、コスタリカ、パナマ　②コミュニティ開発　③JICA　④農村開発研修（PCMモデレーターその他）	2009.10～ 3.0カ月
2010（平成22）		
34. ケニア国「洪水に脆弱な地域における効率的な洪水管理のための能力開発」	①ケニア　②コミュニティ開発 ③JICA　④コミュニティ開発・評価分析	2010.9.4 ～1.0カ月

目　次

Ⅱ　国際協力テキスト

第1章　国際技術協力

第4章　地域開発

Ⅰ

国際協力ダイアリー

1. 国際協力の入り口

□万博と「違和感」

　海外が自分の身近なものとして初めて感じられ、「将来は、国際協力の道に進もう！」と思ったきっかけは、1970年小学校5年生の時であった。

　その頃の日本は、戦後20年近くを経て、世界に向けて復興のアピールとも言える1964年東京オリンピックを成功裏に終え、さらに引き続く高度経済成長という好景気の中、オリンピックの次の国家的ビッグイベントとして、アジア初かつ日本で最初の国際博覧会である「日本万国博覧会」(通称「万博」、EXPO'70)が大阪で開催された時であった。

　会場は大阪の中心地から北に約10キロの千里丘陵(吹田市)であり、当時私は、父親の転勤から吹田市の南隣の大阪市東淀川区の上新庄に住んでいた。その地域は、阪急京都線の「大阪梅田」から5つ目、位置的には中心地から淀川を北に越えた軽工業地区、新興住宅地であった。

　父親は、窯業メーカー(金属を溶かす窯や炉材を製造販売する会社)の営業担当で、東淀川の自宅から会社のある北浜まで商品サンプルを積んだバン(社用車)で通勤しており、週末はその車で近郊のドライブによく連れて行ってくれた。

　万博会場もその一つで、開催前には工事中の会場を一望できる高台に展望台が設けられ、気の早い見学者に、刻々と出来上がって行く太陽の塔や各国パビリオンの外観を見せていた。

　万博が始まると、地域の児童会や学校の遠足、家族での訪問や親せきの案内と結構な回数、会場に足を運ぶこととなった。

　この機会が、海外に目を向ける原点となった。特に会場で見かけるアフ

リカ系の人たちの「立派な体格と格好よく決まったスーツ姿やドレス姿」を見ると、学校で見た「ビアフラ難民」(1967～70年ナイジェリア内戦による難民)の写真に出てくる異様に手足が細くお腹が飛び出した子供や悲しそうな眼差しのボロを纏った痩せた女性とは違いすぎた。同じ人種間でのこの格差には、不思議な違和感を持った。

学級活動の時間に、担任の教師はこの新聞の報道写真を見せながら、給食を残す児童へ「食物の大切さ」を問うべく「どうしたら、このようなことを無くせるのか？ みんなで考えてみよう！」と、さらに「自分だけではわからない人は、お家の人にも相談して、次の授業までに考えて来て下さい」と宿題を課してきた。

□どうしたら助けられる？

家に帰って家族に聞いてみると、母親は「食べるものが無いのが原因でしょ？ 日本で余っているお米でも送れば良いんじゃないの」と言い、父親は「アフリカは、小さい国が多く、政情も不安定だし、干ばつも多いし、農業の生産技術も低い。原因はたくさんあるよね」と言った。

そのあと「お前はどうしたら良いと思う？」と私に聞いた。私は「助けてあげたいよね。でもどうしたら助けられるのか分からないヨ」と正直に答えた。

父親は、「お前は理科や社会の勉強が得意だから、将来は農業を勉強して、助けに行ってあげたら良いんじゃないか？」

この時は、たわいもない家族の会話で終わった。ところが数日後、母親が「兄ちゃん、アンタのやりたいことが新聞に出てるよ！」と言って見せてくれたのが、『毎日新聞』での青年海外協力隊の公募広告と隊員たちの現地での活動紹介の写真であった。

いま思うに、ここが私の現在に至る一歩を踏み出した瞬間だった。

その後、再び父親は転勤で東京本社へ、家族も同行し、私は千葉県の公

立中学校から東京の都立高校を経て、大学は、日本大学の農獣医学部（現・生物資源科学部）の柘植学科（現・国際地域開発学科）へ進んだ。これからここで様々な農業技術を学習し、発展途上国へ貢献できる知識や手法を知ることになる大きな選択、まさに、子供のころからの夢を実現する第一歩を踏み出した。

2. 農業三昧の実地研修

□農業経営の「現場」を体感

　大学の長期休暇を利用して、1年生の夏は、北海道中川郡池田町（十勝）の畑作酪農家の矢柳さん宅に、2年生になる春には、沖縄県石垣島でのサトウキビの収穫と肉牛（黒毛和種）の肥育管理を学びに多宇さんの家に、2・3年生の夏には、長野県南佐久郡川上村での高原野菜の栽培と収穫・出荷を経験しに油井さん宅に、それぞれ約1か月半滞在した。この農家滞在型の実地研修を通して、サラリーマンの家に生まれた私は農業の実地での経験を積んだ。

　どこの農家でも後継者たち（大体は長男、次男が継いでいる農家もあったが）は皆同じように、自家の経営について新しい技術情報を探し、学び、将来に様々な目標や計画を描きながら日々の農作業をこなしていた。そして我々に対する対応は、アルバイトの大学生への対応ではなく、家族のように接してくれたし、聞けば何でも丁寧に教えてくれた。

　これらの農業体験を通じて、大学ではなかなか学べないような、現場で

使われる技術やテクニック、加えて実際の農家経営を十分に学ぶことができた。

　特に、長野の農家の後継者・油井正一郎さんは、地元の農業高校卒業後に1年間の米国派遣実習を経験しており、アメリカの農場経営から様々なことを習得していた。自家への農業機械の導入も熱心であり、トラクターは、レタスの管理作業用（防除、集・出荷）150馬力、耕起・耕うん作業用80馬力、小圃場用25馬力と用途に応じて3台を使い分けていた。主に防除作業に使われていたジョンディア（John Deere：アメリカのメーカー）には、エアコン付きのキャビネットが装備されており、農薬散布中に外から農薬が入ってくることはなかったし、カーステレオで音楽を聴くこともできた。

　また、正一郎さんは夕食後に大学ノートを数冊取り出して、各圃場の作付け、施肥量、作付け計画などを詳細に記録し、圃場ごとの収量予測をして、施肥量の調整や圃場整備（客土や傾斜の修正）の計画を考え、同地域の長期天気予報を東京の気象予報会社から有料で購入していた。

　この天候の予想から作付け時期を決定し、市場での販売価格が高値となる長雨の後に自家の出荷のピークが来るように栽培計画を立てていた。正一郎さんは、非常に科学的な農業経営を実践していた。大学のどんな講義でも得ることのできない実学のすごさ、経営者のしたたかさを学んだ。

　日本の試験場で試される前のレタスの新しい品種をアメリカの実績から導入を検討したり、農閑期には、東京の青果市場でアルバイトをし、マーケティング・リサーチを試みたり、と一経営者として農業に取り組む姿勢は、多角的であり効率的であった。

　このように仕事に真摯な反面、冬はスキーのインストラクターとして、スキー場で働いたり（これは結婚するまでと断っていたが）、家ではウエスタンミュージックを聞いたりと趣味もしっかり持っている人で、納屋に無造

作に転がっている泥だらけのブーツが、ウエスタン・ブーツメーカーの
Tony Lama（トニー ラマ）だったりした。このメーカーは、当時は日本国内に販売代理
店は無く、通販のみで入手できた。最も安いもので4・5万円する高級ブ
ランドであった。

　このことは、American culture に憧れを持つ私には驚きだったし、「やっ
ぱり、ウエスタン・ブーツは、本来カウボーイ（お百姓さん）が仕事の時に
履く道具だものなぁ」と妙に納得した記憶がある。トラクターが西部開拓
時代の馬の代わりだとすれば、操作者がウエスタン・ブーツを履くことは
当然という気もした。

□農業のために

　こういった経験を様々な実地研修で積み重ねながら、「学生のうちにで
きることは、どんどんやっておこう！」と、農業を知り、農業に関わるこ
とに貪欲になっている自分がいた。

　そこでまずは、どの農家でも必須のアイテムであり、従事者が持ってい
ると喜ばれる技能である大型特殊免許（農業用トラクターを公道で運転できる）
やけん引免許（作業機をけん引し、公道で走行できる）を取得した。

　さらに、日本の農業全般と、農薬や化学肥料を取り扱うための基礎知識
を学ぶために、農業改良普及員（現・普及指導員）の資格を取得し、さらに
自分の農業技術を他者に移転する際の教授法やテクニックの習得を目標に
教職課程（農業科、社会科）を履修するなど、在学中に取得可能なさまざま
な資格を取得していった。

3. 熱帯作物学との出会い

□知られざる「キャッサバ」

　大学では、3年生から熱帯作物学研究室（廣瀬ゼミナール）に籍を置き、恩師・廣瀬昌平教授のもと「バイオマス作物」の一研究を担当した。

　教授の専門分野は、世界中の熱帯・亜熱帯で広く栽培される「キャッサバ」と呼ばれるトウダイグサ科の根菜であり、日本ではまったく流通していない熱帯産の作物であった。形状は、日本で栽培されている長芋と似ているが、芋は地中では、地面と平行に伸びる。地上部は、小灌木の形状を呈し、その葉は、下に向けた手のひら状に7葉で構成されている。また、栽培は播種や種芋は用いずに、地上部の茎を15cm程度挿し木にすると下部から根が生じ、地上部から枝・葉が生成し10か月程度で樹高1.5ｍ程度まで成長し、地下部に塊茎を充実させる。

　キャッサバは熱帯・亜熱帯の気候に適合し、比較的乾燥地にも強い。一般的に食用となる甘味種（単位面積当たりの収量は、苦味種に劣るが、シュウ酸の含有量が少なくゆでるだけで食用にできる）と、デンプン生産の原料として栽培される苦味種（単位面積当たりの収量は甘味種より高いがシュウ酸の含有量も高く、デンプンに加工して利用される）に分類される。

　甘味種は、東南アジア全域の農家の庭先などで見かけられ、干ばつ等でコメの収穫量が低い時の緊急食糧として利用される。また、デンプンのきめが細かく茹でたり油で揚げたりして、家庭の食卓にもよく供される。熱帯での栽培に適する甘藷に比べると、食味に甘さが少なく、他の食物と合わせても食べやすく主食に適している。

　苦味種は、東南アジア、特にインドネシアでは、日本の商社がスポンサー

キャッサバ

となり広大な面積でプランテーション栽培されている。商社の目的はデンプン原料の確保であり、収穫されたキャッサバは、圃場に隣接された加工場でデンプンに加工され、工業用デンプンとして流通される。キャッサバのデンプンは粒子が細かく均一で、一例として、製薬会社が糖衣錠を製造するときの糖衣の原料のデンプンとして利用されている。

　このようにキャッサバは、日本では青果物市場での流通はないので作物としての認知度は低いが、工業原料のデンプンとしては、かなりの量が輸入され消費されている。廣瀬教授の研究テーマは、この「キャッサバ」で、その研究にかける情熱は、ライフワークの域にあった。

□バイオマス植物

　当時の熱帯作物学会では、将来の地球規模で起こると予測される人口の増加とそれに伴う食糧不足やエネルギー不足の解決が期待される「バイオマス植物*」に対する研究が注目を集めており、廣瀬教授の研究する「キャッサバ」も収穫を延期し地中に置けば腐敗することなく、さらにその地下茎にデンプンを蓄積するバイオマス植物として注目されていた。

　　　　*バイオマス植物とは、「再生可能な生物由来の有機性資源で、化石資源を
　　　　　除いたもの」。バイオマスは、地球に降り注ぐ太陽のエネルギーを使って、
　　　　　無機物である水と二酸化炭素から、生物が光合成によって生成した有機物
　　　　　であり、ライフサイクルの中で、生命と太陽エネルギーがある限り持続的
　　　　　に再生可能な資源である。(出典:「農林水産省農林水産関係用語集」より)

　教授の研究テーマは、キャッサバ芋の特徴とも言える、「収穫後に空気中に放置すると徐々に腐敗してしまう現象をいかにして予防するか」とい

う収穫後処理の課題を育種学的に解決することであり、研究室には教授が収集したキャッサバの茎や根、根茎のサンプルが保存されており、大学付属の温室では試験栽培用のポット数10鉢の試験栽培が行われていた。

廣瀬教授は、自分の研究する「キャッサバ」以外のバイオマス植物についての研究を私への課題とした。

この研究室への入室は、私にとって本当に幸運なことであった。私の入学した柘植学科は、戦前は経済学部に所属する学科であり、いわゆる現在の東南アジアやミクロネシア（南洋）、北部中国（満蒙）に日本が展開していた植民地で主に農業を導入し開拓地を作り営農する人材を育成するための学科であった。現在でも発展途上国の農業経営や営農指導といった社会科学や国際的な農業経済学を追求する研究室も多く、2年次も終わる頃の私たちは、3年次からのゼミの選択に喧々囂々と議論していた。

その中でも作物学的な視点で熱帯の植物を学べるゼミナールは、廣瀬ゼミナールが唯一の研究室であり、廣瀬ゼミの開講初年度が、私のゼミ履修初年次と同じであり、すぐに履修登録した。

いま思えば、この選択が私の人生で最高の邂逅を生むことになった。「このゼミへの入室が無くしては、今の私は無い！」と断言できる。かくして、私は廣瀬ゼミナール1期生となった。

4. サゴヤシの研究

この研究室での私の研究テーマは、「サゴヤシ」という成長すると樹幹

にデンプンを蓄積するヤシ（バイオマス植物）であった。この研究にあたり、廣瀬教授からの指示は次の3点であった。

①「サゴヤシ」を文献調査し、植物学的な概要をしっかりと把握すること。
②先行研究を実施している京都大学の「サゴヤシ同好会」という学生団体との連絡を取り交流すること。さらには、
③サゴヤシ研究についての懸賞論文に応募すること。

　まず、研究室仲間3名と私の愛車スカイラインGLに同乗し、京都大学内の「サゴヤシ同好会」の有志に会いに京都に出かけた。同好会の有志と無事面会を果たし、彼らの活動内容や設立の経緯を聞き、日本大学での同好会発足の準備をした。発足にあたり、私は「日本大学サゴヤシ同好会」の初代会長となった。
　当時、3年生になったばかりの私は、懸賞論文はおろか論文という体裁の文書を書いたことさえなく、③の論文執筆にあたっては、論文の構成・内容・添削などすべてにわたって廣瀬教授の綿密な指導を受け、何とか締め切り前に提出できた。
　教授の指導の甲斐あってか、論文は懸賞を勝ち取った。その額は、当時として破格の100万円であった。賞金の使用条件は次の3点であった。

①「○○大学サゴヤシ同好会」を設立すること。
②設立した団体は、最低3年間は研究活動を継続すること。
③3年目には、ハードカバー（論文冊子の形状）の活動報告書を作成し、10部を事務局に納めること。

　当時、サゴヤシは、日本国内のどこの植物園にも存在しておらず、収集

できる情報は非常に乏しかった。その植生や加工工程、製品などについても日本国内では、ほとんど明らかにできなかった。

　唯一、「戦前はサゴヤシのプランテーションが半島マレーシアの南部で見られた。」といった内容の紀行文が大正から昭和にかけての詩人・金子光晴の著書『マレー蘭印紀行』（1940・昭和15年、山雅房発行）に見られた。国会図書館に行きこの本を読んでみると旧仮名遣いで実に読みづらかったが、「マレー半島南西部のバトゥ・パハという街に日本人の商工会があり、サゴヤシのプランテーションも経営されていた。」という40年以上前のサゴヤシ情報を読み取ることができた。

　当時（1982年）、研究室にあったアジアの地図を調べると、マレー半島の南西部、フランシスコ・ザビエルが日本に来る前に寄港したことでも有名なマラッカから南に100kmほどのマラッカ海峡の沿岸に「バトゥ・パハ」の地名があった。

　これを唯一の手掛かりとして、「日本大学サゴヤシ同好会」の第1回現地調査が企画された。

5. 発展途上国でのフィールド調査

　サゴヤシ調査メンバーは、全員ゼミナールの同級生で青木君、三好さん、田村さん、私の男女2名ずつの計4名での調査旅行であった。

　熱帯作物のフィールド調査、ましてや海外への渡航経験もほとんど無い学生だけで、発展途上国の田舎の町に行き、40年前にあったというサゴ

ヤシのプランテーションを探してみようという荒唐無稽な計画であった。

　しかし、実際の調査旅行は、トラブルもなく、比較的簡単に栽培地も特定できたし、当初の予定通りに栽培地でのフィールド調査を実施することができた。フィールド調査では、サゴヤシ伐採地の直接観察や栽植密度の実測、土壌のサンプリングを行い、デンプン工場ではその加工プロセスの見学と聞き取り調査、を実施し調査の全体を通じての写真撮影も数日間（実質2日程度）で終えることができた。異文化にどっぷりと浸かった、濃密な1週間だった。

　現地での行動拠点はシンガポールとしていた。調査結果の整理や休息をとるために一度シンガポールに戻り、ここで女性団員2名は帰国した。青木君と私は、再び「バトゥ・パハ」に戻り、何世代か更新されたサゴヤシ林での土壌のサンプリングや追加の調査を実施した。

5-1. 第1回フィールド調査：マレーシア、バトゥ・パハ
□シンガポール
　当時、叔父の健二（父の末弟）がプラントエンジニアの仕事でシンガポールに在住していた。

　その頃のシンガポールは、東南アジアの「ハブ」的なロケーションで日本からの直行便もあり、様々な方面への乗り換え地でもあった。国際金融取引や観光で賑わう街は、一種独特の活気に溢れていた。調査地からそう遠くないマレー半島南端にあるシンガポールは、マレーシア最南端のジョホール・バルとは橋でつながり、直通のバスも頻繁に行き交っていた。

　叔父のつてを頼って、先ずは調査の起点をシンガポールに置くことにした。ホテルはオーチャード・ロードから少し離れたロイヤル・ラマダ・ホテルだった。このホテルは華人系のホテルで、叔父の会社では、日本からの出張者が常宿としているようだった。決して高級ホテルではなかったが、

有名ホテルや日本のスーパーが立ち並ぶオーチャード・ロードも徒歩圏内にあり、ニュートン・サーカスというフード・コートにも徒歩数分と至近で、利便性が高く良いロケーションにあった。

　ここに2日ほど滞在し、その間に叔父から紹介してもらった日本人のいる現地の旅行会社で、調査地の「バトゥ・パハ」のホテル予約をお願いし、シンガポールから路線バスのルートがあることを確認してもらい、現地調査の準備を終えた。

　当時のシンガポールは、リー・クアンユー首相による近代化の最中で、中国人街やインド人街といった旧市街は取り壊され、「コンプレックス」という様式に建て変わっている時だった。建物の基部は生鮮食料を販売するマーケット、その2・3階上には様々な個人商店が軒を連ね、一角にはフード・コートも準備されており、さらにその上部が集合住宅で構成されている。このような建物が政府の主導でダウンタウンにいくつも建設され、個人商店のコンプレックスへの移転が進められている時期にあたり、旧市街の商店は移転のためにどの店も「在庫一掃セール」を開催中で、どこの街も活気が溢れていた。

　小さな骨董商が多く集まった横丁は、興味深い物が多く置かれていて雰囲気もレトロで気に入った場所であった。この旅の間に何度か足を運び、いくつかの物を土産として購入した。

　一つは、店主曰く、戦前にシンガポールに駐在していた英国兵が残していったイギリスはロンドン製の木管のフルートだった。何軒かの骨董屋で見かけたが、どの店でも1本が200～500円程度で乱雑に束にして売られており、2・3本をまとめて求めると容易にディスカウントしてくれた。

　なるべくバルブの壊れていないものを選び、ホテルに持って帰り磨くと、木部は黒檀のようなツヤのある黒褐色で金属部はブラス（真鍮）で作られており、木部にはロンドン製の刻印を見ることができた。なかなか風情の

ある良い買い物ができたと自分で満足している。

□国境越え

　いよいよ、調査地への移動の始まりである。まず、シンガポール市内からマレーシア最南端の街ジョホール・バル行きのバスに乗る。このバスは国境を越えるため、国境の橋にある両国のカスタム（通管所）を通るのだが、当時からジョホール・バルに住みシンガポールに通って働く人も多く、通管は、車掌にパスポートを預けると通管所で簡単に出入国のスタンプが押され、乗客はバスから降りることなく出国ができた。その逆にマレーシアからの入国も同様に非常に簡略な通管であった。

　ただ、簡略化のせいかスタンプの押し忘れもたまにあるようで、シンガポールの入管でマレーシアの出国スタンプが押されていないとの指摘を受け、国境の橋を徒歩でマレーシアのカスタムまで戻ったことがあった。バスも使えたが折角だからと歩いてみたのだ。結論から言えばバスを使うべきであった。橋は1km以上あり、日陰もなく海上のために日の照り返しも強烈であった。汗だくになってたどり着いたマレーシア側のカスタムでは、「あ〜、ごめんね！　すぐ出国スタンプ押すよ」とすぐに対応してくれた。シンガポールへはそこから路線バスに乗り込み、今度は問題なく入国できた。

□調査地バトゥ・パハへ

　ジョホール・バルのバスターミナルからは、マレーシア国内の方々の都市に向け長距離バスが発着し、「バトゥ・パハ」行きは中距離バスが発着するバス停から出発した。バスは、長距離バスのリクライニングシート、エアコン付きから、いきなりベンチシート、エアコン無しになり、いかにも途上国の現場感がして、むせ返る暑さの中、妙にワクワクしたのを覚えている。

　田舎の道（しかし、簡易舗装で割と快適であった）をジャングルや農村風景

を車窓に見ながら2時間ほど進むと、海岸部特有のココナッツの林や潮の香りがし始めて、しだいに道の周りに人家も増え、バトゥ・パハの街に到着した。予約してあったホテルは、バスターミナルから近く、周りには公共の市場、小規模なデパートや映画館などもあり、地方の都市として活気を呈していた。

　市場付近（農産物生産者や仲買人などの商売人も集まっているので農産物の情報の収集が簡単にできる）でサゴヤシに関する聞き取り調査をすると町の周辺には、サゴヤシの加工場も栽培地もあることが判明した。市内を循環するバスの1路線に乗れば、サゴヤシ加工場やサゴヤシ林に近い場所まで行けるとのことであった。

　早速、翌日に加工場を訪問した。伐採されたサゴヤシの丸太がデンプンになるまでの過程を見学し、写真撮影と聞き取り調査を行った。またこの加工工場からの紹介で、伐採現場にも出かけ、圃場での栽植密度や第1世代の植栽と数世代経過した後の圃場の変化などを直接観察した。

□サゴヤシの植生

　サゴヤシは、樹間を8mの間隔で、一辺8mの正三角形の頂点上に植えられる。収穫まで7・8年掛かるといい、樹幹のデンプンの充実度が高まった時点（開花で判断する）で伐採する。伐採後、母幹の基部からサッカーと呼ばれる分枝が次々と出てくるので、その中から1本を2世代目として選抜する。それが再び樹幹を伸ばしデンプンを蓄積し、また6・7年すると伐採できる大きさに育つ。サッカーの選抜以外には作物としての肥培管理をすることは一切なく、非常に粗放的な栽培方法である。

　圃場は、第1世代目は、整った正三角形のサゴヤシの列が見えるが、第3・4世代目ともなると正三角形はどんどん崩れていき、自生林の様相を呈している。圃場の古さは、この列の崩れ方である程度判断できる。世代を重ねるごとに、伐採した樹幹の周辺から発芽するサッカーを次の世代と

サゴヤシ

して育てるので、古い圃場ほど植栽の状態は、ばらばらとなり自生林のように見える。

収穫は、伐採後に樹幹の葉部は捨て1～1.5ｍの長さのlog（丸太）に切り分け圃場（場所によっては冠水のある低湿地）からは土水路を使って小河川まで搬出し、河川でlogをいかだ状に連結し小舟を使って加工場まで曳航する。加工場は、デンプンの精製に大量の水を必要とするのでたいがいは、小河川沿いに開設されている。

□サゴヤシの加工

ここからが加工過程である。まず、logの表皮を取り除く。その後、logは粉砕され、水と十分に攪拌され、３ｍ立方のコンクリート製プールに流し込まれ一晩放置する。その後は、上澄みの水を廃棄し、沈殿物（サゴデンプン）も水切りする。コンクリート製プールの底には約30～50cmの高さでデンプンが沈殿している。沈殿したデンプンは、水分を十分切ってから、火力による乾燥工程を経て直径５～６mmの白い円形の粒子となる。これを「サゴパール」と呼び、約40kgに袋詰めされて出荷される。

スーパーマーケットなどでは、一袋が200ｇ程度に小分けされた袋に入れて売られていた。工場の経営者によると、デンプンのまま出荷すると重量当たりの単価が低いので自分の工場規模の生産量なら加工品として出荷する方が高収益が望めるとのことであった。

□サゴヤシと経済

サゴヤシの適地は泥炭層の低湿地であり、マレー半島の沿岸では、湿地の酸性度はph2.5～3.5と強酸性であり、サゴヤシ以外では屋根材として使われるニッパヤシぐらいしか生育しない痩せた土地であった。そこが適

地のサゴヤシの栽培は、生育期間の長さから、収益が生じるまでには時間が掛かるものの、粗放的な栽培に掛かる経費は低く、経営は十分成立するようである。

　しかし、この時の聞き取り調査では、サゴヤシの適地の低湿地に丘陵地からの客土を施し、消石灰の投入による酸度矯正（中和）の後に水田として利用する、裕福な中国系マレー人も増えているという情報もあった。

　その後、海岸沿いにマラッカまで移動した時に、バトゥ・パハ周辺と似たような土地をいくつも通過したが、確かにサゴヤシ林よりも水田が多く、特にマラッカ周辺は一面が水田であった。

　水田は、初期投資（客土や水田の造成による経費）は掛かるが、長期的に考えると、サゴヤシより儲かると言われていた。確かに、水田は単位面積当たりのデンプン収量はサゴヤシより低いが、収穫は毎年あり、サゴヤシが6・7年に1度の収穫であることを考えると、毎年収入がある方が資金管理は容易であるし、導入できる機械も汎用性があり他の農作業にも使える。一方サゴヤシの加工場は、サゴヤシのデンプン生産に特化しており、サゴヤシの栽培面積が減少すれば必要がなくなる。

　サゴヤシ栽培の減少の一因は、明らかに経済効率面から見た土地利用の変化にあると思われた。今までは経済性の低さから粗放なサゴヤシ栽培に利用されてきた泥炭層の低湿地を、経費は掛かるものの経済性の高い稲作へ変換するという土地利用方法へと変わり始めていた。

□調査の取りまとめ

　マレー語はさっぱり分からないし、英語だって中学生の英語力＋α程度の当時の自分がどのようにコミュニケーションを取っていたのかは、ほとんど記憶にないが、「バトゥ・パハ」調査旅行のロジスティック（交通・宿泊）に問題はなかったし、加工工場や栽培圃場の見学も相手側の組織と上手く調整・連絡ができて問題なく実施できた。

さらに、大学の土壌学研究室に依頼されたサゴヤシ栽培地の土壌をサンプリングし持ち帰ることもできた。これには、事前に羽田空港の植物検疫所に「輸入禁止品輸入許可願い」（輸入目的が学術研究であること。保管場所を土壌学研究室とし、管理者は、土壌学研究室の主任教授であることの承諾書）を提出し、土壌（輸入禁止品）の輸入認可を取り付け、帰国時には動植物検疫所での消毒を経て、研究室に持ち帰ることができた。

　フィールド調査を通してサゴヤシの植栽や土壌を研究・分析し、その結果を卒業論文としてまとめ、また熱帯作物学会での調査報告（学生調査）もこのテーマで実施した。

5-2. 第2回フィールド調査：インドネシア、スマトラ島

　同好会の設立2年目には、往時は、大規模なサゴヤシ・プランテーションがあったというインドネシアのスマトラ島のランポン州を対象地域に第2回現地調査を実施した。

　この調査には、ゼミの1年後輩である江原宏君とインドネシア研究会所属の同級生の高橋丈二君が通訳として同行してくれた。

　この調査の目的は、1年後に迫ったサゴヤシ研究者や他大学のサゴヤシ同好会による合同調査に「日本大学サゴヤシ同好会」の代表として江原君の参加が予定されており、その調査に向けての予備調査（予行演習）であった。

　江原君はその後、合同調査団での学生代表となり、調査活動での調整能力（インドネシア語の会話力をベースとした各種交渉や調整能力など）が認められ、調査後は合同調査団長の先生からの推薦で岡山大学の大学院に進学し、後にインドネシアへの留学も果たしている。現在では、日本における「サゴヤシ」研究の第一人者であり、国立名古屋大学の教授として、また同学の農学国際教育研究センター長も兼任し後進の育成に努めている。

大学在学中の２回の海外でのフィールド調査の経験は、当時の私自身には、大きな自信となったし、大学卒業後も海外で働いて行きたいと思う気持ちの原動力ともなった。

6. 青年海外協力隊

6-1. TIATC 研修助手―隊員候補生として

　大学卒業後の進路は、就職活動もせず教員採用試験も受けずに、青年海外協力隊員として発展途上国の農業生産の向上に貢献したいと考えていた。当時、私は卒業直後の４月にその選考試験を受けて、参加する気であった。

　しかし、恩師の廣瀬教授は、「海外で技術移転するには、コミュニケーション力も技術を現地に適応させる応用力も必要であり、今のままではボランティアとしてはやっていけても、さらにその上の技術協力専門家までは無理だろう。将来その方面に進みたいようだが、それなら発展途上国の現状や現地の農業の状況をより深く知ることも必要だろう。JICA 専門家の経験者たちが多くいる筑波国際農業研修センター（TIATC：現・JICA 筑波）で研修助手を１年ほどやってみたらどうかね？　今なら知り合いもいるし、推薦できるよ」と提案してくれた。

　私としては、一刻も早く、海外の現場に行きたかったが、恩師であり国際協力の先達である教授の提案に最終的に同意した。その後、教授の推薦によって1981年に茨城県つくば市に新たに移転された筑波国際農業研修センター（TIATC）の研修助手に１年間の期限付きで採用された。TIATC

は、日本での国際協力の実施機関である JICA の「途上国のカウンターパートの人材育成」(技術研修) の担当機関である。

　ここでは、農業機械コースの研修助手として授業や実習の準備や補助、その他にもセンターのイベント (田植え祭や収穫祭) や研修員とのスポーツ交流 (運動会や球技大会) にもかかわり、異文化交流の経験を積んだ。

　この 1 年間で日本の農業機械の構造や理論、稲作の事備や様々な管理作業 (機械操作も含む追肥や中耕・除草など) を実地での演習も含めて学ぶことができた。また、このセンターでの研修助手時代を通じて国際協力経験の豊富な JICA 職員たちや講師で来られる農水省の研究員の方々、様々な大学の先生たちとの知遇を得ることもできた。この時の縁が、その後の仕事やアカデミック・キャリアの形成に繋がってゆくのであった。

6-2. コスタリカ共和国、農業機械隊員

　1985 (昭和60) 年 7 月末には、青年海外協力隊の隊員として、中米のコスタリカ共和国のコスタリカ工科大学へ農業機械隊員として派遣された。

　コスタリカ工科大学は、首都サンホセから東に約 20km の旧首都カルタゴにあり、イラス山 (標高 3,432 m、コスタリカ第 2 の高山で活火山) の山麓に広がる高原 (平均標高約 1,500 m) に位置する 4 年制の国立大学であり、その名の通り工学系の総合大学で工学科、情報工学 (コンピュータ) 科、電子工学科、農業工学科など 10 以上の専門領域で構成され 1985 年末には、私を含めて 6 名の協力隊員が様々な学科に派遣されていた。

　私は、農業工学科の所属であった。学科では、実習担当の教員として、イタリアや韓国から供与された農業トラクターや耕うん機の操作や保守管理・分解整備などを、特別講義や講習会の形式で学生に教えていた。

　特に、4 輪トラクターの操作については、私の免許講習会を終えれば、現地でのトラクター運転免許の取得時に実技試験が免除される特典を現地

の運輸省下の運転試験場に取り付けたことが人気を呼ぶことになった。

　この講習会は、トラクターの免許が取れると学生たちの評判となって、学内だけではなく、近隣のイラス山中腹のティエラ・ブランカ農協や大学から200kmほど西北に離れたカーニャス（サバンナ気候の半乾燥地）にある農牧省の試験場からも依頼があり、出張講習会も実施した。

□仕事も休暇も充実

　隊員生活は充実していた。任期の2年に加え所属先からの任期延長の申請も出て、コスタリカの滞在は3年2か月に及んだ。

　仕事も楽しかったが、大学には休暇も多く、長期休暇中には自然の豊かなコスタリカのビーチや国定公園に仲間と出かけた。北のニカラグア国境や南のパナマ国境の街を覗きに行ったりもしたし、太平洋側の国定公園のマヌエル・アントニオやカリブ海側のサンゴの砂州で有名なカウィータ国定公園などを回り、極めつけは、コスタリカ最高峰で富士山よりわずかに高い標高3,820mのチリポ山にも登頂した。前述のイラス山が頂上まで車で行けることを考えると、チリポ山登山は、本格的であった。

　首都サンホセからチリポ山山麓の街サン・イシィドロ・ヘネラルまでバスで約4時間、そこから登山口のある村の牧場までの移動が1時間余と半日がかり、村では、屋根のある村の集会所のようなところで夜を明かし、2日目は、標高3,000m付近の樹林限界を超えて見晴らしの良い高原を歩き無人の山小屋までの登山、3日目に一気に頂上まで登り、東西にカリブ海と太平洋を望んだが下界は雲海に占められ海を見ることはできなかった。帰路は、走るように下山した（実際に何度かは、転んだりもしたが）。下山後に街のBarで飲んだImperial（ローカルのビール）の美味しさは、達成感溢れる格別の味であった。

　こういう小さな冒険も交えながら、私の3年2か月は、あっと言う間に過ぎ去った。

帰国時には、1年後輩隊員で飲み友達の大黒さん（理学療法士）と二人で帰路変更旅行に出かけた。当時は、帰国時の帰路変更は簡単であった。予算が許せば、1か月の期間で世界中を旅しながら日本まで帰ることができた。

　我々は、コスタリカからマイアミに飛びニューヨーク経由でカナダのニューブランズウィック（赤毛のアンで有名なプリンスエドワード島の対岸）に移動し、大黒さんの日本での元同僚（カナダ人男性と結婚）の農場に滞在し、ボストン経由でスペインのマドリッドに飛び、そこからは列車（ユーロ・パス）を使って地中海沿岸（スペイン語では Costa del Sol：太陽の海岸）をマラガ、トレド、バレンシア、バルセロナと列車で移動し、バルセロナからフランスのパリまでは夜行寝台に乗り、パリを観光の後、そこからシンガポール経由で日本に戻った。

　旅は、呑み助の男二人での珍道中であった。ここの詳細は、また別の機会にまとめたい。1か月で中米コスタリカから東回りで地球を半周したことになる。

7. JICA 筑波センター

　帰国後（1989年）は、コスタリカに派遣される前に1年間研修助手として修業した JICA の TIATC（筑波国際農業研修センター）に田植え機改良の技術支援要員として声を掛けて頂き働くことになった〈履歴No. 01〉。仕事の内容は、市販されている既成の田植え機をエジプトの諸条件に合わせて

直播機に改良し、適正に利用する目的での農業機械の試作改良であった。

7-1. 適正技術開発研究 I （直播機開発―エジプト短期専門家）

　この頃、TIATC農業機械コースでは、常設の集団研修が始まるまでの4か月間（12月から翌年3月）で「適正技術開発研究」という途上国の諸条件に適した農業機械の設計・試作を実施・研究する業務を、要請のあったプロジェクトからの依頼で実施しており、私は「エジプト国稲作機械化センター計画」というエジプトで実施中の技術協力プロジェクトからの「適正技術開発研究」要請に対する技術支援要員としてTIATCで働くこととなった。〈履歴No. 02：1990.1 〜〉

□不良債権＝遊休機材

　エジプトのプロジェクトには、供与機材として送られた数台の「田植え機」が現地での慣行の稲作、特に播種方法の違いから「遊休機材」として放置されていた。この「田植え機」を「直播機」に改良して遊休機材をなくしたい、というのがプロジェクトからの要請内容であり、「数年後に迫った事業評価調査時に供与機材の無駄を指摘されないように、すなわち会計検査時に問題が生じないように事前に対処しておこう」というプロジェクト側の判断からであった。

　この頃は、政府事業（ODA：政府開発援助）への評価が厳しく実施され始めた時で、いくつもの大規模な投入（機材や建築物）を伴うプロジェクトの事後評価が実施され、様々な投入の無駄が指摘されていた。

　その中でもこのプロジェクトにある遊休機材＝使われていない田植え機は、まさに不良債権であった。エジプトに供与された後に10か月以上もプロジェクトの倉庫に並ぶ田植え機は、遊休機材でありプロジェクトにとっては邪魔者であった。

　会計検査を危惧するプロジェクト側メンバーの枝川孝雄氏は、元JICA

筑波の農業機械コースのスタッフであり、TIATC の農業機械コースなら「適正技術開発」が可能な人材や機材を抱えていることを周知しており、田植え機の改良というこのプロジェクトの言わば仕掛人となった人物であった。

　プロジェクトの設計責任者は、TIATC 農業機械コースの研修指導員（研修管理員）の山本郁夫さんだった。山本さんは、ケニアのジョモ・ケニアッタ農工大学に青年海外協力隊として派遣され、その後、パラグアイに JICA の個別専門家としての活動経験もあり、海外での業務経歴が豊富な人であった。

　山本さんは山口県の稲作農家出身で、北海道大学で農業機械を学んだ後に、広島県西条の「佐竹製作所」（日本最大規模を誇る精米機メーカー。現・㈱サタケ）の設計部門で働いた経験もあった。私とは、青年海外協力隊の農業機械隊員の経験であったり、同郷（私は両親共に山口県の出身者）であったり、TIATC での経験などいわゆる職場の先輩であり、その後の私の人生の中でもいろいろとお世話になる恩人の一人である。

□田植え機搭載型直播機の試作品

　この時の業務では、最終的には自分が試作する機械の部品を図面に起こし、その留意点を報告書としてまとめる作業もあり、ワークショップでの体を使った試行錯誤の実作業の他に設計や図学についての知識も当然必要であり、独学での図学の練習や設計関連の本読みも頑張ったが、研修指導者の三浦先生や山本さんには、機械の試作や設計さらに図面の書き方（図学）に至るまで農業機械の開発について多くのことを学んだ。

　田植え機にどのようにして播種機を乗せるのか？　播種機の動力は、どこから取るのか？　播種量を決めるには？　機材の材料は？　など多様な問題を、現場ではトライアル・アンド・エラーと議論を繰り返しながら、クリアしていった。

いったん出来上がった試作機は、圃場での実働による動作試験と微調整を繰り返し、完成された。細部まで塗装し、試作の留意点などを分担してまとめて試作報告書とした。

　地上に1台しかない、田植え機搭載型直播機は入念に梱包され空路エジプトに送られた。

　輸送時には、この播種機の試作・設計メンバーのひとりである松本巖さんがエジプトに同行し、現地での実演展示と動作や播種量の確認を実施したが、特に問題やトラブルはなく、現地でもしっかり作動したとの報告に関係者一同は胸をなでおろした。

□動かない！

　しかし、現地で試作が始まると、これが上手く行かない。どうもエジプト側の試作に何か問題があるようだったが、その原因はようとしてわからなかった。

　設計の主任責任者の山本さんは、試作機をエジプトに送った直後に農業機械化の長期専門家としてフィジーの稲作機械化プロジェクトに赴任していた。TIATCからは、設計部門の桜井さんが短期専門家として派遣されたが原因の解明は果たせなかった。

　その後、私が派遣された。日本から送った試作機は、播種精度、播種量も正常であり全く問題はなかったが、エジプト製の試作機は、ホッパー毎の播種量が異なっていた。

　エジプト製試作機を分解すると、播種量を決める播種ドラムに穿たれた穴の直径や深さがまちまちであった。日本では加工の容易さと部品のコストを考えて塩ビの円柱をフライス盤加工によって同じ容量の播種穴で播種量を均一に加工していた。エジプトでは、この加工が上手くできず、播種ドラムも木製であり、かつ播種穴の直径や深さがまちまちであった。これが播種精度の不均一の原因であった。

現地版の播種機に必要なのは、この部品の精度の改善にあった。農業機械のことをよく知らない現地のテクニシャン（技術者）は、播種ドラムの精度が播種機自体の精度に大きく影響するとは、思い至っていなかった。

　また、現地製の試作機は、日本からの試作機の播種ドラムに使われたような塩ビ製の円柱が入手できず、木製で加工されており、この部品が播種精度を下げていた。しかし、当時のエジプトでは、塩ビの円柱の入手は困難であった。そこで、塩ビの代わりに密度が高く硬い木材を利用すれば、この部品の代替えは可能であると判断し、播種ドラムの素材は、最終的に木製とした。この木製のドラムに播種穴の深さを均一にできるように播種穴の深さに合わせ、ドリルビット切削面の長さを制限し播種穴を均一に加工した。この改良だけで、一株当たりの播種量は、大きく改善した。

　こうして、エジプトのナイルデルタの中程にある、カフ・エル・シェイクという小さな村にあるプロジェクトサイトでの生活が始まった。

□金曜日は休み

　プロジェクトは、カイロから北に約80km、プロジェクト公用車（トヨタのランドクルーザー）で2時間弱の距離であった。1週間のスケジュールは、

　月曜日　午前中にJICAエジプト事務所への事務連絡・進捗報告を行い、その後スーパー・マーケットで1週間分の食材を購入、昼食後にプロジェクトサイトへ移動する。夕方は、カウンターパート（C/P）とその週の作業スケジュールを確認・調整する。

　火曜～木曜日　プロジェクトサイトでカウンターパートたちと田植え機用の直播機の試作作業。

　金曜日　午前中に1週間の活動報告を簡単に取りまとめ、次週の計画を作成する。遅くとも昼過ぎにはカイロに向かった。

　プロジェクトサイトでの金曜日は、C/Pが休み（エジプトでは金曜日がお休み：イスラムの安息日）仕事にならなかった。

毎週月曜日にカイロからプロジェクトサイトに移動して、金曜の午後に
プロジェクトサイトからカイロに戻るという1週間であった。

　プロジェクト調整員の枝川さんには、現地では公私にわたり随分とお世
話になった。短期専門家の私は、カイロではホテル住まいであったが、毎
週末、枝川さん宅でおいしい日本食を頂き、休日には、カイロ近辺（といっ
ても地中海沿岸のアレクサンドリアや紅海まで）を愛車のシトロエンで案
内してもらった。

　こういう感じで、プロジェクトの供与機材の田植え機搭載型直播機の試
作・改良は進み、1株当たりの播種量や走行時の播種精度等を実測（室内
と圃場）しながら微調整を行った。

　最終的な試作・改良個所の図面やその作業の留意点を「田植え機搭載型
の直播機の試作・改良報告書」にまとめ、報告した。

　こうして TIATC での初出張は、エジプトでの短期専門家として始まっ
た。

7-2. 適正技術開発研究Ⅱ（軸流式脱穀機の設計・開発）

　2年目の研修のオフシーズンには、「フィジー国稲作機械化プロジェクト」
より適正開発研究の依頼があり、今回は主任設計者として「軸流式投げ込
み脱穀機」の設計・試作・性能試験を担当することになった。

　この脱穀機の原型は、フィリピンの IRRI（国際稲研究所）で開発されて
いた投げ込み脱穀機であり、それをフィジーでの圃場条件や収穫期の気候
に合わせ、小型軽量（小型エンジン付きで大人2名で圃場に搬入できる程度のもの。
総重量100kg 未満）が、開発の条件であった。また、現地で広く用いられる
汎用の麦類用小型脱穀機の図面も添えられており、時間当たりの処理量や
脱穀状態を比較試験するためにこの脱穀機も試作した。

7-3. 短期専門家（完工事調査）

1992年にはニジェールの無償案件（建設機械整備施設）の完工事調査要員としても派遣された〈履歴No.04：1992.2～〉。土木機械整備のための整備工場を無償資金協力で供与した案件の完工事調査であったが、調査の内容は完工事調査に加えプロジェクトサイトの実情や実施機関の対応、特にプロジェクトの今後の持続性のチェックを進めることになった。

私が担当する機材と施設の完工事調査に関しては、全く問題はなかったが、この案件は、日本大使館の大使枠の予算から拠出される無償資金協力であり、一般の案件のように案件発掘のプロセスに相手国のニーズや開発計画との整合性などが考慮されておらず、先に実施された有償資金協力の供与機材の整備のための無償資金協力であった。

土木機械の稼働率や修理状況など何らかのデータがある訳でもなく整備工場を作った事になる。

この当時は、現在のODAの大原則である「相手国の要請ありき」が徹底されておらず、他の案件との整合性も極めて低く、現在の評価基準からみると自立発展性は低いと言わざるを得ない。

7-4. 研修指導業務

その後、4月からは農業機械コースの研修指導員としての業務も始まり、講義や実習の準備、講師の方々との連絡業務、研修旅行の計画・準備・随行など業務は多岐に渡り、1年目はあっという間に過ぎ去った。

常設の研修は、私にとって農業機械全般と日本の稲作を知る上で、非常に勉強になった。大学時代に日本各地で実践的な農家滞在型実習はこなしていたが、稲作は「種子の選別、浸種、箱育苗、田植え、除草、中耕追肥、収穫、乾燥、収穫後処理（脱穀・精米）」といった、多様な作業が必要であり、それぞれの作業で使われる機材や機械、その準備は「百姓」の語源に有る

ように百に及ぶ作業をこなして行く栽培であることを実感させられた。

研修指導員は、それを踏まえて海外からの研修員に技術移転を間接的、直接的に行わなければならない。当然、日本の稲作栽培のスタンダードを知ることに加え、個々の作業準備や作業の意味を説明できなければならない。

ここでさらに必要となるのが、コミュニケーション力であった。難しい単語や言い回しが必要な訳ではなく、「こう言った原因からこのような結果となる。」といった論理的な解説が重要であり、農業機械の知識に加え、その農業機械が道具として使われる農作業を作物栽培のプロセスと並行して知る必要があった。

農業の基本は、作物の栽培にあって、農業機械はその効率を上げたり、省力化に貢献したりする手段であることを知った。これに気付けたのは、後に発展途上国で農業プロジェクトの専門家を行う上で重要なポイントとなった。「栽培あっての農業機械」という考え方である。

どこの国でも農業従事者が持つ農業に対する思いは、生産性の向上、すなわち収穫が増え、今以上に収入が増えること、豊かになれることにあるのだということ、農業による技術協力の最優先課題は、発展途上国の生産者がプロジェクトに参加することによって生計が向上することにある。

新しい技術の受容は、この点にあり、多少作業が複雑になったり、機材や機具に関わる経費が増えたりしても、その手間の分、収穫が増えて、全体の収支が新技術導入前よりわずかにプラスになれば新技術は導入される。基本的にどこの国でも農民は、収益に対して敏感である。細かい諸計算はできなくとも、最終的な収支はちゃんと判断できている。人間とは、かくも「現金」な生き物である。

現在では、ここに社会的な基準としての環境への負荷や人体への影響な

どが加味されてゆくのだが、最終的な新技術の受容は、経済的な収支に左右される。こんなことを考えさせられる研修指導員時代であった。

8. JICA 専門家 1（スリランカ国）

　農業機械コースの主任であった ^故辻本壽之氏からの推薦を受けて、1992年11月から2年間、技術協力プロジェクト「マハヴェリ農業開発計画AC（アフターケアプロジェクト）」の長期専門家（農業機械化＋現地業務費臨時出納役）としてスリランカ国に赴任した。〈履歴No. 05：1992.11〜〉

　マハヴェリ開発計画は、スリランカ中央高地から東北部に流れる、この国最大の河川であるマハヴェリ川の豊富な水資源の有効利用を目的として計画された。この計画は地域独自の事業単位 A-M に区分されその区分はシステムと呼ばれた。システム C 地域開発が、ヴィクトリア・ダムを水源とするマハヴェリ農業開発計画である。システム C に対する日本の援助は1981年から開始され、1990年2月のプロジェクト終了後も玉ねぎの技術をさらに発展、普及するため畑作分野の専門家、農業機械関係の人材育成と政府種子農場指導助言のための農業機械専門家、この2分野についてアフターケアプロジェクトが行われ、私は農業機械の専門家として畑作の豊田氏と共に1992年11月に派遣された。

　ここでの業務は、「今度の会計検査時に、このプロジェクトに投入された大量の供与機材が問題になるのではないか」という日本大使館の農業分野担当官が危惧したことが端緒となっての派遣要請だった。

現場での仕事は、プロジェクト時代に供与機材を投入しすぎたことから、現存する機材類の耐用年数の計算や機械の現状から廃棄すべき機械は廃棄し、数年後の会計検査がスムーズに実施できる準備が私のタスクであった。

　最初にやったことは技術協力プロジェクト当時の供与機材のリストを入手することであった。本来、本部の担当部署（農開部）かJICAスリランカ事務所、最悪コピーがプロジェクトオフィスにあるはずだが、どこにも無い。まだプロジェクトは終わっていないので実施機関にも供与機材のリストは有ろうはずもなかった。機材庫に並ぶ日本製の機械の機種名・型式・製造年などをわかる範囲で調べてともかくリストは作成した。

　その中から単価で３万円以上する物を「機材」とし、それ以下の実験器具や管理機・防除機は、消耗品として老朽化したもの、部品が欠損して動かないものは、すべて廃棄処分とした。

　また、大型の機材に関しても、部品がスリランカで調達できないものや著しく破損しているものは、理由書を付けて廃棄処分とした。

　要は供与機材の一覧表と各機材の現状と程度（動く・動かない）、さらに標準的な耐用年数を機材ごとに決め、供与機材の廃棄処分リストを作成した。問題は、スリランカ側に機材の廃棄ルールが無く、日本から供与された機材はすべて倉庫に並べてあった。廃棄ルールを了承させて、多くの故障した農業機械をスクラップとして廃棄すると、倉庫はずいぶんと片付いた。

□メンテナンスとアフターケア

　このプロジェクトの問題は、無償資金協力で供与された日本車両製のライス・ミル・プラントであった。プロジェクトサイトは、マハベリシステムＣ地域の稲作農家に配布する種子生産農場であったため、本格的な種モミ貯蔵サイロがあり、そこに付属施設としてモミの脱穀精米プラントが隣接しており、現状では近隣で生産され、貯蔵されているモミを有料で精米

する、官営の精米所となっていた。

　もちろん地域用の種子生産も実施していたが、ライスプラントの稼働率は高く、日本車両も自社初の海外プラントということで定期的にプロジェクトの短期専門家を派遣して整備しており、保守部品は短期専門家の携行機材の枠を超えて供給し（部品代や送料を自社負担とし）稼働させていた。

　プロジェクトとしては、アフターケアにやや多めの予算を付けて、アフターケア終了後も数年は稼働できるだけの保守部品を供与しての幕引きを計画していた。

　ここでの仕事は、一言でいえば、供与機材や無償の機材の後始末であった。どのような機械も稼働を続ければ、いつかは壊れる。消耗部品の交換には限度があり、最終的に機械の主要部が故障してしまう。いわゆる機械の寿命が尽きるのである。

　この精米プラントは、すでに5年近くフル稼働が続いており、すでにいくつかの消耗品の保守部品に欠損が出ていたが、消耗品の交換で後3〜5年は、稼働が見込めた。プロジェクトとしては、保守部品の供給と本格的なメンテナンス作業でアフターケア期間の2年間とそれに数年加えた利用期間を提案していた。製造元の日本車両も製造から8年間が正規の稼働年数であり、それ以降は機材の全面的な更新を提案したいとのことであった。

　アフターケア協力には、ふさわしい業務内容であった。私のプロジェクトでのステータスは、長期専門家（農業機械化＋現地業務費臨時出納役）であり、農業機械化の他に2人プロジェクトにしては多めに支給される現地業務費の出納役も兼任することになった。

9. 大学院

　スリランカから帰国後、自分の出身である日本大学農獣医学部の大学院研究生（1995年4月〜97年1月まで在籍）として JICA 筑波で行った脱穀機の改良について論文にまとめ日本国際地域開発学会へ投稿し、研究ノートの発表（TIATC での適正技術開発研究での農業機械開発設計について研究ノートとして学会に報告）を行った。この脱穀機の改良は、国際協力事業団（現・国際協力機構）のフィジー稲作研究開発プロジェクトの一環として実施された。このプロジェクトはフィジー国における稲作の普及を目的としており、稲作栽培技術はもとより稲作にかかわる技術全般の改良・研究が行われた。この脱穀機の開発設計にあたっては、プロジェクトからの要請内容を基本に据え、現地で生産できる性能の良い脱穀機を開発普及させることにより、脱穀機の損失を少なくし、稲作生産量を上げると共に、現地の農具製造技術の向上にも寄与することを目的としていた。

10. JICA 専門家 2（フィリピン国）

　JICA の国際協力専門員 ※ 時田邦広氏からの推薦を受けて、1997年4月から2年間半、技術協力プロジェクト「ボホール総合農業振興計画プロジェクト」の長期専門家（農業機械化）としてフィリピン国に赴任した。〈履

歴No.08〉プロジェクトの内容は、Ⅱ・第4章：地域開発②に紹介してある
ので参照してほしい。

11. 開発コンサルタント

　1999年11月にフィリピンから帰国、帰国報告会を経て2000年より開
発コンサルタントの業務を開始した。開発コンサルタントの業務は、政府
開発援助予算から支出される調査業務全般であるが、私が係った仕事では、
①技術協力プロジェクトの各種評価業務、②南南協力を始めた途上国の援
助機関にPCM（Project Cycle Management：住民参加型のプロジェクトの計画立
案／モニタリング・評価）手法の技術移転、③日本で実施されるカウンター
パートのための集団研修の企画・運営などの研修業務に係ることが多く、
代表的な業務例を下記に示す。
①技術協力プロジェクトの各種評価業務
　国別事業評価調査（ボリビア　2001.2 〜 2001.5）〈履歴No.12〉
　国別事業評価調査（ホンジュラス・パナマ　2001.11 〜 2002.8）〈履歴No.15〉
② PCM手法を途上国の援助機関に技術移転
　南南協力強化支援―短期専門（メキシコ　2003.3 〜 2003.5）〈履歴No.16〉
　JCPP（南南協力支援強化―短期専門）（チリ　2003.9 〜 2003.12）
③カウンターパート研修の企画・運営
　住民参加型農村開発プロジェクト運営管理コース
　（中米カリブ地域　2005.9 〜 2010.1）〈履歴No.31〉

これらの業務の中でここでは、現在の日本大学国際関係学部に来る直近まで関わった③中米カリブ地域研修について次に詳しく述べたい。

12. 中米カリブ地域研修

　「住民参加型農村開発プロジェクト運営管理コース」〈履歴№.31〉は、中米カリブ地域のメキシコ、ホンジュラス、グアテマラ、エルサルバドル、ニカラグア、コスタリカ、パナマ、ドミニカ共和国の8か国の研修員が日本で生活改善の研修を受け、その考え方やテクニックを習得するものである。その後中米のパナマやコスタリカ、グアテマラの農村地域でその地の住民に向け、参加型のワークショップによって生活改善運動を説明し、現地に適した形の生活改善の提案を行うというユニークな研修であった。

　通常の本邦研修（日本での集団研修）では、帰国後のアクションプランの発表をもって研修は終了するが、この研修では、さらに自分たちの活動フィールドと環境が近い中米地域（パナマ、コスタリカ、グアテマラ）で日本での学びを地域住民へ紹介する。この活動によって日本で作られた各自のアクションプランは、より実践的な内容となり、帰国後のアクションプランは、より実現の可能性が高い計画となる。

　平成19年度の研修時に参加各国の研修員が抽出した自国での課題とパイロットプロジェクトの活動内容について表にする。（右表）

　中米の現地研修の最後には、現地研修からその内容が加筆・修正されたアクションプランの発表会が実施された。その発表会には彼らの母国の

中米カリブ研修者の自国課題とパイロットプロジェクト活動内容

〈1〉国：プロジェクト 〈2〉対象地域：対象者

1. 〈1〉グアテマラ：サン・ファンラグナでの生活改善の紹介と普及
   〈2〉サン・ファンラグナ（ソロラ州）：小規模農民・都市周辺の貧困層

［開発の課題］①貧困 ②社会保障の不備 ③保険・教育の不足 ④ジェンダーの不平等 ⑤環境の汚染	［パイロットプロジェクトの活動］①生活改善の啓蒙 ②ジェンダーの啓蒙 ③生活改善アプローチ ④社会保障の整備 ⑤天然資源の保全

2. 〈1〉エルサルバドル：東部4州
   〈2〉東部地域の小規模農業生産者のための生活改善：小規模農民（野菜栽培を中心とした）

［開発の課題］①コミュニティへの保険衛生サービスの不足 ②不適正な住宅環境 ③低い作物生産性	［パイロットプロジェクトの活動］①保険衛生の改善 ②居住環境の整備 ③生活害虫の防除 ④家族の栄養改善 ⑤農業生産の向上（生産物の付加価値向上、販売強化）

3. 〈1〉ホンジュラス：コパン州・レンピラ州
   〈2〉対象地域の小規模農民の社会・生産状態の改善：6つのコミュニティ

［開発の課題］小規模農民層の貧困を中心問題として ①社会サービスの不足 ②雇用機会の不均衡 ③低い農業生産性 ④物流通網の未整備	［パイロットプロジェクトの活動］①現地住民調査 ②生活改善アプローチの紹介 ③台所の整備・改善 ④コミュニティの栄養改善 ⑤生産者組合の形成 ⑥市場調査と販売促進 ⑦活動の啓蒙・普及

4. 〈1〉コスタリカ：北部地域（グアツソ市ラ・クルス市）
   〈2〉対象地域の小規模農民への社会・生産改善の紹介：北部地域グアツソ市ブエナ・ビスタ地区ラ・クルス市ベリセ地区の住民

［開発の課題］政府の貧困削減対象地域での住民の貧困を中心問題として ①社会サービスの不足 ②低い農業生産性に着目した。	［パイロットプロジェクトの活動］①お金の掛からない生活改善の紹介 ②お金を使った生活改善アプローチの紹介 ③お金を生み出す生活改善アプローチの紹介

5. 〈1〉パナマ：ベラグア州
   〈2〉小規模農のための栄養改善と生活改善アプローチの設立：ベラグア州バレ・デ・カーニャス地区、アルト・デ・ロス・サントス地区の農協会員(105名—20家族)

［開発の課題］低い作物生産性を中心問題として ①農業課題-優良種子の未使用、灌漑用水の不足、農業技術支援の不足、低い作物多様性 ②低い収入 ③低い生活の質・栄養不良	［パイロットプロジェクトの活動］①農産物生産の向上 ②生活改善モデルの形成 ③コミュニティの栄養改善 ④農協を経た生産物販売 ⑤ジェンダーの概念普及、女性の組織化と社会経済活動への参画

6. 〈1〉ドミニカ共和国：モンテ・プラタ州（ヤマサ市）
   〈2〉生活改善アプローチを通じたコミュニティ・マイガの貧困削減総合計画：コミュニティ・マイガの貧困層

［開発の課題］住民の貧困を中心問題として ①低い識字率 ②低い組織化 ③低い収入 ④低い生産性 ⑤低い社会サービス	［パイロットプロジェクトの活動］①現地住民調査 ②生活改善アプローチを利用した住民の組織化（小グループ形成） ③グループの生活改善ミニプロジェクトの導入 ④コミュニティの栄養改善 ⑤生活レベル・所得の向上

JICA 事務所案件担当のローカルスタッフも招かれ、帰国後のアクションプランを披露する最後のプレゼンテーションの実施前には、ローカルスタッフとの協議時間を設け、各国の JICA 事務所が帰国研修員に対してどのような人的・物質的支援が可能であるのかも検討してもらった。現地プログラムでは、こうした実施機関の担当者との合意形成が帰国後のアクションプラン実現可能性をより高めることとなった。実際研修の 3 年目には、帰国研修員が発案したアクションプランが現地で具体化されて、3 年目以降の研修参加者は、中米カリブ地域での生活改善プロジェクトの実例を見学できるようになった。

　また、本研修の狙いは、このような日本と現地での学びを共有した研修

JICA 筑波

地下鉄

ディスカッション

セイカイさんと

中米カリブ研修

参加者が帰国後も8か国間で作られたネットワークを利用し、情報や意見の交換を本邦研修の時と同じような関係性を保ち継続してゆくことにあった。

　この狙いは的中し、すでに私がこの研修に最後に携わってから実に10年以上経過した現在でも、web上でのコミュニケーションは続いている。

マップ

書き込み

バナナ農園

ディスカッション

農民集会

〈コスタリカで〉

中米カリブ研修

マッピング

子どもたちも

農民集会

子ども民俗舞踊

研修員と

〈パナマで〉

中米カリブ研修

中米カリブという文化的な背景や言語の異なる地域を対象とした研修をなぜ日本で行ったのか、そこには、日本の生活改善運動が果たした以下のような大きな成果が同地域にも期待されるからであった。

　戦後復興期、生活改善運動は農村女性の生活改善のために様々な工夫を実施し、その技術移転のターゲットは、徹底して農村女性にあった。

　本研修では、ともすれば男性中心社会の中米で、農村女性のエンパワメントを主題とした集団研修をめざして参加研修員の比率も女性に比重を置いたものであった。

　実際の研修でも、メキシコやグアテマラからは先住民系の女性の研修員も来日し、帰国後も地域の女性リーダーとして生活改善運動を継続している。

13. 日本大学国際関係学部

　2011年4月から日本大学国際関係学部国際交流学科（現・国際総合政策学科）において「国際協力」、「NGO/NPO」、「ボランティア援助」などの分野での教鞭を取ることになった。

　きっかけは、1本の電話からであった。2011年の2月初旬頃だった。前述の中米カリブ研修も終了し、さいたま新都心の本社ビルに久しぶりに出勤している時に、「冨岡さん、日本大学から電話です」と外線から取り次がれた。日本大学国際関係学部の学部長、佐藤三武朗先生からの電話で、私も旧知の金谷尚知氏（当時・日大教授）が亡くなったこと、金谷氏出身の日本大学生物資源科学部（旧・農獣医学部）へ金谷氏と同様なキャリアの人

物照会を行い、担当者から私の名前と電話番号を聞いて今掛けていること、適当な時間を作って三島まで会いに来て欲しいことを、矢継ぎ早に告げられ、3月17日木曜日の11時に学部長と面会を取り付け、会う運びとなった。

　月が替わって3月11日の金曜日、東日本大震災に遭い、私は埼玉の本社で被災し、首都圏の交通網のマヒのために家に帰り着けたのは翌12日の午後だった。14日月曜日には、佐藤学部長から電話で「東海道新幹線は動いていますから3月17日は予定通り、お願いしますよ」と念押しされた。

　その日、学部長室に伺うと「よくいらっしゃいました。三島はこれが名物でね」と、うな重が用意されており美味しくいただいた後、何が起こるのかと思っていたら、まさに青天の霹靂「それでは、冨岡先生、金谷さんの後をよろしくお願いします。」

　急な状況に驚いている私を学部長は教室に連れて行った。教室には50名を超える学生が待っていた。みな一様に不安そうな顔をして私の方を見ている。佐藤学部長は、学生たちに「この人が君たちの新しい先生です。経験も金谷先生に十分匹敵する先生ですからいろいろ相談するように！」ここで、ふと我に返るのだが、その時の学生たちの不安そうな顔が少し困ったような笑顔に変わったのは、鮮明に覚えている。

　この瞬間に私はすでに10年続いている「日大国際たんぽぽ」の担任になり、その後10年が過ぎた現在もその学生団体の担当教員として、共に活動している。

日大国際たんぽぽ

　こうして大学の教員となった私は、基本的に ^故 金谷尚知教授の後任者として、金谷氏が担当してきた国際協力系の授業とゼミナールさらには、顧問をされていた部活動を見ることになった。

ここで少し説明が必要なのは、金谷ゼミナール＝日大国際たんぽぽについてである。大教室で不安そうに見えた学生たちは、この学期からゼミナール初年度を迎える新3年生とゼミナール活動と関連した分野で卒業論文を執筆する新4年生の学生たちであった。

　金谷ゼミナールの特徴は、2006年からカンボジアの小学校に給水塔を建設する「国際協力」プロジェクトを実施しており、私が着任した時で4つの小学校に給水施設、そのうち2校には、給水塔に浄水フィルターを取り付けていた。例年、譲渡式のセレモニーにゼミナールで参加し、現地の小学生たちとの交流が継続されていた。この学生団体は、大学のゼミナールであるとともに対外的には、NGO団体として「日大国際たんぽぽ」の名称で活動している。

　私が着任した2011年にも現地からは、新しい給水塔建設の打診があっ

グループワーク

ディスカッション

桜陵祭

た。現地側は5年間続いた給水塔建設プロジェクトの継続を6年目にも期待していたが、プロジェクト継続の妥当性を明確にする必要から2011年の夏季休暇には、ゼミ海外研修を利用して2006年から2010年までの給水塔建設に関する事業評価を実施するために学生たちとカンボジアを訪問した。

　調査の結果、地域の社会インフラ整備の一環として一部の学校には、上水道が整備され、それ以外の学校にもその整備が計画されていることが判明した。このことから残り5校の給水塔建設プロジェクトは中止し、カンボジアでの支援プロジェクトは終了することとなった。

　2012年からは、貧困の現状を視察するために、フィリピンのセブ島にあるスラムとスラム撲滅のために活動する現地のNGO団体との交流を実施し、見学先の島をボホール島やネグロス島へと変更しながら現在も継続して訪問しており、当ゼミナール（日大国際たんぽぽ）では現地のNGOを介してスラムの青少年に職業訓練の機会を提供する資金援助を行ってきている。

　また、夏季休暇のフィリピンへのゼミ海外研修の他に春休みには、2012年からマレーシアの環境保全を推進する「公益社団法人日本マレーシア協会」が企画する現地での植林ツアーに希望するゼミ生と共に参加しており、2019年度には「日大生のやってみたいを実現するプロジェクト」として日大本部からの補助金を受けて地域振興プロジェクトをボルネオの先住民の村で開始した。

　このように「日大国際たんぽぽ」は、冨岡ゼミナールを母体とした任意団体として海外での国際協力活動を展開しており、学生主体のNGO団体としての顔も持っている。

　2020年は、コロナ禍の中、海外での活動は制限され2020年3月のマレーシア訪問からは実施できていないが、今後も状況が改善し次第、フィリピンとマレーシアの現地プロジェクトを再開して行く予定である。

Ⅱ

国際協力テキスト

「Ⅱ：国際協力テキスト」第1～4章は、国際協力を体系的に学ぶ教材として、著者が大学の講義用に執筆したものが基礎になっている。それは2018年4月から2020年9月にかけて『開発協力ノート』のシリーズ名で「サブノート」として以下の章の構成で順次刊行された。A4判リングファイル形式でレポートや演習に使用しやすい形態だったが、あくまで講義用であるため、詳しい解説は省き、国際協力に関する事実・情報を簡潔にまとめることを目的として編集した。

　今回4つの「ノート」をまとめ1書にするにあたり、収録したデータ類は一部を除きほぼ執筆時のままで、逐一更新されてはいないことをお断りしておく。最新の情報は巻末の参考文献（参照URLを掲出しておいた）などを手がかりにして得てほしい。なお、第4章5.「地域開発」用語集は、「ノート」には未収録で、今回まとめたものである。（著者）

第 1 章

国際技術協力

　　この章では、前半で世界の援助と日本の援助の関連性や政府開発援助（ODA）予算によって実施される、国際協力機構（JICA）主導の日本の援助の仕組みを学び、後半では援助の現場^{フィールド}で近年重要視されてきた参加型の調査手法について述べる。

1. 援助の動向

1-1. ODA の定義

Official（政府）…………政府（及び実施機関）によって供与される援助。

Development（開発）…開発途上国の経済開発や福祉の向上に役立つことを主な目的とする。

Assistance（援助）……贈与（返済義務なし）、または貸し付け条件（金利、返済期限）が緩やかなもの。

1-2. 世界の援助政策

　第二次世界大戦後（1945 年～）の世界の援助政策の傾向は、次の 7 期に区分できる。（次ページに表にする）

1・2 期　第二次世界大戦からの復興に始まり、その後経済発展に基づき、「援助する側」から「援助される側」への「もの」の受け渡し中心の開発協力が実施された。

3～5 期　人道的支援：「ひと」の生活を重視した技術の移転に援助内容は移行した。

6・7 期　先進国と途上国が同じ席に着き、世界的な課題への解決策を策定する形の援助となっている。

[表 1-1] 世界の援助政策年表

期	年代	援助政策
1	1945 ～ 1950	第二次世界大戦からの復興・安全保障関連支援（マーシャルプラン）
2	1960 ～	経済開発援助（ビッグプッシュ）
3	1970 ～	一次産品（食料）危機に対応する基礎的生活支援（BHNs 支援）
4	1980 ～	途上国の債務危機に対処した支援（マクロ構造調整融資など）
5	1990 ～	冷戦後体制移行支援（自由化・民営化・ガバナンス支援と地球環境協力）
6	2000 ～ 2015	貧困削減等を目的とした MDGs（ミレニアム開発目標）
7	2016 ～ 2030	貧困削減等を目的とした SDGs（持続可能な開発目標）

2. 日本の政府開発援助

2-1. ODA の内容・種類・規模

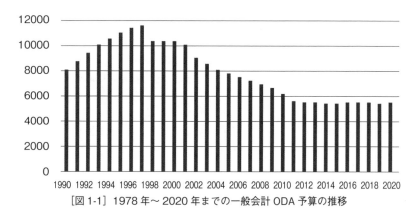

[図 1-1] 1978 年～ 2020 年までの一般会計 ODA 予算の推移

	政府開発援助 （ODA）	その他の公的資金 （OOF）	民間資金 （PF）	非営利団体 による贈与
		政府系機関による 融資、貿易保険等	民間企業による 投資、輸出信用等	NGO 等による援助
2017 年 （支出純額）	約 1.11 兆円	約 3,351 億円	約 6,052 億円	約 602 億円

外務省資料等を基に作成

[図 1-2] 日本国から途上国への資金内訳

	有償資金協力 (円借款)	無償資金協力	技術協力
内容	低利(最低年率0.01%)長期(最長40年)による開発資金の貸し付け	食糧援助や衛生、教育等のための、返済義務を課さない開発資金の贈与	人材育成のための研修、専門家、ボランティアの派遣、開発のための調査等
対象	開発途上国全般(一人当たりのGNI-約6500ドル以下が目安)	開発途上国の中でも比較的所得が低い国(一人当たりのGNI-約1900ドル以下が目安)	開発途上国全般
実施主体	JICA	JICA、外務省	JICA、各省庁等開発
2016年実績	約1兆525億円	約1,629億円	約3,198億円

外務省資料等を基に作成

[図 1-3] ODA の種類

2-2. 実例集

日本の ODA の総合的実施機関である JICA（国際協力機構）のプロジェクトを紹介する。（同ホームページより）

[A] 有償資金協力

A1. 貧困削減の支援

（インドネシア：小規模灌漑管理事業）

インドネシア東部3州は、乾期が長く年間降水量が少ない地域です。そのため、農業の生産性は低くインドネシアで最も貧しい地域でした。当機構は、同地域の灌漑施設整備事業を円借款で支援しました。安定的な水供給とともに、農業技術の普及や農業用水の管理・運営などに関する住民の組織化等を支援し、農業生産性の向上を図りました。

この事業により、対象地域の作付面積の拡大、農作物収穫量の増加や、農民の所得の向上がみられるなど、地方の開発を通じた貧困削減に寄与しています。

A2. 経済成長に向けた基盤整備

（インド：デリー高速輸送システム建設事業）

　人口集中が進む首都デリーでは、自家用車の増加に伴い交通渋滞と大気汚染が深刻化しています。交通混雑を緩和し環境への負荷の少ない大量高速輸送システムの構築のため、当機構は、デリー市の地下鉄と高架・地上鉄道の一部分の建設を円借款で支援しています。

　全線が開通すると226万人／日の乗客輸送量が見込まれます。この事業により道路の慢性的渋滞、デリーの都市機能の向上や排気ガスの緩和が期待されます。

A3. 地球規模問題への対応

（チュニジア：総合植林事業）

　チュニジアは、国土の大半が半乾燥地帯に属しています。限られた森林は、自然災害や過度の伐採などにより大きく減少しています。そのため、土壌流出防止や環境保全のため植林を進めることが重要な課題となっています。当機構は、森林整備、植林、貯水池など水土保全施設整備、森林管理のための人材育成等を円借款で支援しています。

　また、地域住民参加の仕組みを事業に取り入れていますが、これにより森林保全活動が住民に根付くことが期待されます。

A4. 人材育成の支援

（中国：四川省人材育成事業）

　中国は、地域間格差是正の観点から内陸部における人材育成を強化する方針を掲げています。四川省では高等教育機関の就学者数の増加に取り組んでいます。当機構は、四川省の8大学を対象に校舎建設や教育設備

整備等のハードの整備と、日本で行われる教育研修等のソフトの充実の両面を円借款で支援しています。

　四川省における高等教育の向上により、沿海部との格差是正が期待されます。さらに、日本への研修生受入れ等を通じて、両国間の相互理解増進の効果も期待されます。

[B] 無償資金協力

B1. 安全な水へのアクセスを確保

　エチオピアは国土の多くが乾燥地帯に属しています。人口の 85％が居住する村落部の住民は、生活用水の確保に多大な時間と労力を費やし、貧困を助長する一因ともなっています。エチオピア政府は、特に旱魃の影響を受けやすい地域における給水計画に対し、日本政府の協力を要請し、JICAは必要な調査を実施しました。その結果、南部諸民族州内の 10 県を対象に、給水施設建設、井戸掘削関連機材の調達、住民参加による持続的維持管理に係る技術支援・訓練が行われました。

　　プロジェクト名：エチオピア「南部諸民族州給水計画」

　　調査実施：2002 年 11 月〜 12 月、2004 年 10 月〜 12 月

　　事業実施：2005 年 6 月〜 2008 年 7 月

B2. 教育環境の改善

　アンゴラでは、長年にわたる内戦の影響等により、初等教育就学率が低い水準にあり、また、学校施設の老朽化や人口増加による教室不足が深刻なため、学習環境の整備が喫緊の課題となっています。こうした状況のもと、アンゴラ政府は日本政府に対し小学校整備計画への協力を要請し、JICA では必要な調査を実施しました。その結果、人口増加による教育不足が深刻なルアンダ州内の小学校を対象に、教室、管理諸室、便所、給水施設等の建設、教育用機材の調達および学校施設の運営・維持管理に関する技術指

導が行われました。

　　プロジェクト名：アンゴラ「第2次ルアンダ州小学校建設計画」

　　調査実施：2003年11月〜12月、2004年6月〜8月

　　事業実施：2005年8月〜2007年3月

B3. 道路整備による地域経済活性化

　ガーナ政府は物流の円滑化を図るため主要な幹線道路の整備を進めており、中でも、西アフリカ諸国を結ぶ国際幹線道路の一部を成している国道1号線は最重要路線の1つと位置づけられています。ガーナ政府は日本政府に対し、国道1号線の改修計画への協力を要請し、JICAは必要な調査を実施しました。その結果、輸送力の向上、輸送コストの削減、地域経済の活性化に資する協力として、未整備区間の道路拡幅・舗装等が実施されました。

　　プロジェクト名：ガーナ「幹線道路改修計画」

　　調査実施：2001年11月〜12月、2002年5月〜8月

　　事業実施：2002年10月〜2007年11月

B4. 自然災害から人々の生活を守る

　国土の大部分が海抜9m以下の低地であるバングラデシュは、雨期の冠水や洪水による被害を受けやすく、特にベンガル湾沿岸地帯では、サイクロンによる高潮被害が深刻です。バングラデシュ政府は、各国・国際機関の協力により、高潮被害からの避難施設である多目的サイクロンシェルターの建設を進めており、日本政府もバングラデシュ政府の要請を受け継続的に協力を行っています。多目的サイクロンシェルターは、平常時は小学校として活用されています。

　　プロジェクト名：バングラデシュ「第5次多目的サイクロンシェルター
　　建設計画」

　　調査実施：2003年3月〜7月

　　事業実施：2003年11月〜2005年12月

[C] 技術協力

技術協力プロジェクトは、JICA の専門家の派遣、途上国からの研修員の受入れ、機材の供与という3つの協力手段（協力ツール）を組み合わせ、一つのプロジェクトとして一定の期間に実施される事業です。

プロジェクト名：（和）中米カリブ地域／看護基礎・継続教育強化プロジェクト

対象国名：エルサルバドル、グアテマラ、ホンジュラス、ニカラグア、ドミニカ共和国

署名日（実施合意）2007年8月27日

プロジェクトサイト

看護基礎教育：エルサルバドル、グアテマラ、ホンジュラス、ニカラグア、ドミニカ共和国

看護継続教育：サンタ・アナ県（エルサルバドル）

協力期間：2007年8月27日～2010年8月26日

相手国機関名：エルサルバドル保健省、グアテマラ保健省、ホンジュラス保健省、ニカラグア保健省、ドミニカ共和国保健省

背景

カウンターパート養成研修（看護過程）でのグループワーク（5か国対象の広域協力）

妊婦とその夫に胎児心音を聴取し説明している保健センターの看護師（エルサルバドル対象の二国間協力）

本プロジェクトは、エルサルバドル、グアテマラ、ホンジュラス、ニカラグア、ドミニカ共和国の5か国からの看護分野の協力要請を受け、効果的、効率的に対応すべくエルサルバドルを拠点とする広域協力として実施する。

具体的には、看護師に対する教育の質向上のため、(1) 上記 5 か国を対象
とする看護基礎教育分野の協力、(2) エルサルバドルを対象とする看護継
続教育分野の協力の二つのコンポーネントを実施する。

(1) の看護基礎教育分野の協力については、「エルサルバドル、グアテマラ、
ホンジュラス、ニカラグア、ドミニカ共和国における看護基礎教育指導者
の能力が向上する」ことをプロジェクト目標とし、これまでの JICA の協
力によりエルサルバドルに育ったリソースを活用しつつ、エルサルバドル
において「看護基礎教育カリキュラム作成」、「地域看護」、「看護教育機関
と臨地実習現場の連携（教育・臨地連携)」等のテーマに関し各国の看護教
育指導者への研修を行う。研修を受けた各国関係者は自国で委員会を設置
し、自国の看護教育指導者に対し研修を行っていく。

(2) のエルサルバドルに対する看護継続教育分野の協力については、将
来的に看護基礎教育分野と同様にその成果を周辺各国と共有することを視
野に入れつつ、エルサルバドル「サンタ・アナ県における看護職に対する
助産分野の継続教育の質が向上する」ことをプロジェクト目標とし、モデ
ル県であるサンタ・アナ県においてリプロダクティブヘルス分野の継続教
育に関しファシリテーター研修を行うとともに、育成されたファシリテー
ターを中心とした委員会を設置し、助産に関わる看護師への研修を行う。

これら二つのコンポーネントは相互に密接に関連する看護教育の基本的
な要素であり、相互にフィードバックが期待できること、また日本人専門家、
C/P 等の関係者が共通していることから、一つのプロジェクトの枠組みに
より、効果的・効率的な実施を目指す。

目標

上位目標：

1. 看護基礎教育分野の協力
2. 中米カリブ地域における看護教育の質の向上

3. 看護継続教育分野の協力

4. サンタ・アナ県、ソンソナテ県、アウアチャパン県における看護職による助産分野の看護サービス向上

プロジェクト目標：

1. 看護基礎教育分野の協力

2. エルサルバドル、グアテマラ、ホンジュラス、ニカラグア、ドミニカ共和国における看護基礎教育指導者の能力が向上する。

3. 看護継続教育分野の協力

4. サンタ・アナ県における看護職に対する助産分野の継続教育の質が向上する。

投入

日本側投入：

専門家派遣：

長期：4名（チーフアドバイザー／看護教育、業務調整、リプロダクティブヘルス、看護教育／業務調整）

短期：のべ2名（リプロダクティブヘルス）

供与機材：分娩モデル他

在外事業強化費：ファシリテーター研修費、教材作成費等

相手国側投入（エルサルバドル側）：

カウンターパート（C/P）、看護教育専門家等

プロジェクトオフィス、研修用施設

研修用機材

ローカルコスト：電気、水道、光熱費、ガソリン等

相手国側投入（グアテマラ・ホンジュラス・ニカラグア・ドミニカ共和国側）：

C/P、ファシリテーター等

プロジェクトオフィス、研修用施設

研修用機材

ローカルコスト：研修経費、研修モニタリング・評価経費、電気、水道、光熱費等

3. 世界の開発援助

3-1. ODA 用語集

ASEAN+3　　アセアン・プラススリー

ASEAN+3 とは、ASEAN（東南アジア諸国連合）10 か国に日本、中国、韓国の 3 か国を加えた 13 か国による協力の枠組みのこと。1997 年に 13 か国による首脳会議が初めて開催され、以後、定期的に首脳会議や外相会議などが開かれている。

当初は、1997 年に起きたアジア通貨危機への対応を議論するために、ASEAN 側から日中韓 3 か国が招待される形で首脳会議が始まった。その後の会議では、金融分野以外にも食料安全保障や防災、教育、貿易、国際犯罪、観光など、幅広い分野の議論が行われており、13 か国による協力が進んでいる。

2005 年の第 9 回 ASEAN+3 首脳会議における「クアラルンプール宣言」では、長期的には ASEAN+3 を中心として、東アジア共同体を実現するという表明が行われた。

Asian Development Bank　　アジア開発銀行【ADB】

アジア開発銀行とは、アジア太平洋地域の経済成長と協力を促進し、発展途上国向けにその開発資金などを融資するために設立された地域経済開発金融機関のこと。貧困の撲滅、経済成長の支援、開発プロジェクトの策定、人材開発、環境保護などを事業目的とし、1966 年の東京総会

で設立された。1999年からは貧困削減に業務の主眼を置くようになっている。

本部はフィリピンのマニラで、2005年9月20日現在の加盟国は、最大の出資国である日本を含めアジア・オセアニア域内46か国、アメリカ、イギリスなど域外18か国の合わせて64か国。借入国ではインド、パキスタン、中国などが上位を占めている。

Asia-Pacific Economic Cooperation　　アジア太平洋経済協力会議【APEC】

APECとは、アジア太平洋地域の持続的発展を目標とした、域内の全主要国・地域が参加するフォーラム。1989年に発足して以来、順調に参加国が増加しており、当初12か国（オーストラリア、ブルネイ、カナダ、インドネシア、日本、大韓民国、マレーシア、ニュージーランド、フィリピン、シンガポール、タイ、アメリカ合衆国）だったAPECは現在21か国・地域（上記に加え中国、台湾、香港、メキシコ、パプアニューギニア、チリ、ペルー、ロシア、ベトナム）にまで数を伸ばしている。

1993年以降、首脳会議を年1回開催しており、初回は1993年11月に米国のシアトルで開かれた。首脳会議はAPEC参加各国の首脳が一堂に会する唯一の機会であり、域内の貿易投資の自由化・円滑化や経済問題等に関し、多様な意見を自由に交換できる貴重な場となっている。また会議の内容は域内にとどまらず、近年ではテロ対策など国際社会問題にも焦点を当てている。またAPECにとってドーハラウンドが現在最も注力すべき課題のひとつといえる。

Association of South-East Asian Nations　　東南アジア諸国連合【ASEAN】

ASEANとは、東南アジア諸国の同盟。現在10か国が加盟している。1967年8月バンコクで開催された東南アジア5か国外相会議にて採択された東南アジア諸国連合設立宣言、通称バンコク宣言を設立根拠として、インドネシア、マレーシア、フィリピン、シンガポール、タイの5か国

によって設立された。経済成長、社会、文化の発展の促進などを目的としている。設立時はベトナム戦争が激化した時期で、社会主義国だったベトナムに対し、米国主導のもとで反共国家である5か国が結びつくことで設立された。

　冷戦終了後は米国の政治的な意図とは関係がなくなり、さらにブルネイ、ベトナム、ミャンマー、ラオス、カンボジアの5か国も加盟し、政治的な同盟から経済的な同盟へと変質していった。

　ASEAN内の自由貿易協定であるAFTA（ASEAN Free Trade Area）を結んでおり、アセアン域内での貿易は関税が0〜5%程度に抑えられる。これにより部品、原材料などが域内で調達しやすくなっている。

Base of the Pyramid　　　BOP【Base of the Pyramid】ビジネス

　BOPとは、世界の低所得者層のこと。主に発展途上国の低所得者層のことを指しており、世界の人口を所得別に分けたときに描かれるピラミッド型の基盤の層にあたるため、Base of the Pyramidと呼ばれる。1人あたりの年間所得が3000ドル以下であることを目安としてBOPと定義されており、世界で約40億人いるとされている。

　近年、世界で最も人数が多いBOPに向けたビジネス、BOPビジネスが注目されている。BOPビジネスは、米ミシガン大学教授のプラハラードが提唱したもので、世界の低所得者層は援助の対象としてではなく、ビジネスの対象としてみることで、生活水準が向上させることができると唱えた。

　味の素やユニリーバなど、食品や日用品の分野でBOPビジネスに参入している企業があるほか、自動車のスズキはインドで、インドの自動車会社であるマルチと共同でマルチスズキインディアを興し、自動車の分野でBOPビジネスに参入している。

Brazil-Russia-India-China【BRICs】　　　有力新興国

BRICsとは、人口規模や経済発展力の大きい「ブラジル、ロシア、インド、中国」をグループ化し、4か国の頭文字からできている名称のこと。

アメリカの大手証券会社ゴールドマン・サックス社が、2003年10月に投資家向けにまとめたレポートで用いてから広く使われるようになった。BRICsの共通点として、広大な国土、豊富な天然資源、膨大な労働力（人口）が挙げられる。

今後30～50年のうちにBRICsの各国が世界経済界に大きな影響をもたらすことは必至であるといわれ、現在のG6（経済大国のトップ6：アメリカ、日本、ドイツ、フランス、イギリス、イタリア）にも変化があると予測されている。

ポストBRICsとして、最近発展の著しい5か国「ベトナム、インドネシア、南アフリカ共和国、トルコ、アルゼンチン」（BRICsの成長を支える5つの条件のうち4つまで有している国）からなる「VISTA」も注目されてきている。また、ゴールドマン・サックス社では、韓国、バングラデシュ、エジプト、インドネシア、イラン、ナイジェリア、パキスタン、フィリピン、トルコ、ベトナム、メキシコを指して、「NEXT11」（ネクスト・イレブン）とも表現している。

East African Community　　東アフリカ共同体【EAC】

東アフリカ共同体とは、東アフリカのケニア、ウガンダ、タンザニア、ルワンダ、ブルンジによる地域協力機構のこと。本部をタンザニアのアルーシャに置いている。1967年にケニア、ウガンダ、タンザニアの3国によって発足した。

植民地として英国の支配下にあった時代より、ケニア、ウガンダ、タンザニアの3国による東アフリカ共同役務機構があり、これが原型となって、東アフリカ共同体となった。1977年には主導権争いが激化して解体したが、1995年に東アフリカ協力機構として協力関係が生まれた。2000

年に東アフリカ共同体設立条約が発効し、2001年に再び東アフリカ共同体が発足した。2005年にルワンダとブルンジが加盟している。

　将来は東アフリカ共同体内での統一通貨や連邦制度を設ける構想があり、EUのような地域統合を視野に入れている。

Economic Community of West African States 　西アフリカ諸国経済共同体
【ECOWAS】

　西アフリカ諸国経済共同体とは、西アフリカの域内経済統合を目指し、1975年にラゴス条約にもとづき設立された地域協力機構のこと。関税や輸入制限の撤廃、域内の人的移動と居住の自由化などを通じて、加盟国の生活水準の向上や経済の安定を推進している。

　15か国（ベナン、ブルキナファソ、カーボベルデ、ガンビア、ガーナ、ギニア、ギニアビサウ、コートジボワール、リベリア、マリ、ニジェール、ナイジェリア、セネガル、シエラレオネ、トーゴ）が加盟し、本部はナイジェリアの首都アブジャにある。首脳会議、閣僚会議、常設事務局のほかに複数の専門機関を持っている。また、紛争を抱える域内諸国に平和維持部隊であるECOMOG（Economic Community of West African States Monitoring Group：ECOWAS監視団）を派遣し、地域安定化に向けても積極的に取り組んでいる。日本も無償資金協力などで、ECOWASを支援している。

Emerging Countries 　新興国

　新興国とは、経済、政治、軍事の分野で成長が著しい国のこと。

　近年では中国、インド、ブラジル、ロシアなどが新興国といわれており、この4国の頭文字からBRICsと呼ばれている。BRICsの共通点として、広大な国土、豊かな天然資源、膨大な労働力などが挙げられる。

　BRICsに次いで成長が期待される国としてNEXT11またVISTAがある（**BRICs**の項参照）。

　新興国に対して日本、米国、英国、フランス、ドイツ、イタリアなど

は先進国と呼ばれているが、どの国もかっては新興国である時代があつた。日本は欧米列強の仲間入りを果たした 20 世紀初頭に新興国といわれた。

環境問題や世界的な経済危機などの国際的な諸問題を議論する上では、先進国 7 か国の国際会議である G7 から新興国を含んだ G20 へとシフトしている。

Foreign Debt　　対外債務

対外債務とは、主に途上国などが、開発資金をまかなうためや経常収支の赤字を補うために、先進国や国際機関、民間企業などから借り入れた国際的な債務のこと。

返済が滞ると、世界経済を混乱させる要因となるため、経済危機などに陥り累積債務の返済が困難となった国に対しては、必要に応じて債務救済措置が取られている。

こうした公的な債務問題を協議するための組織として代表的なものは「パリクラブ」である。これは「主要債権国会議」とも呼ばれ、主要な債権国が債務国との二国間でのリスケジュールを協議する非公式の会合である。フランス財務省で月に 1 回開催され、元本や金利の免除、あるいは返済繰り延べといった債務救済措置の検討を主に行っている。

Free Money Cooperation（Grant）　　無償資金協力

無償資金協力とは、ODA の形態の 1 つ。開発途上国等に返済の義務を課さない贈与のこと。途上国の中でも特に開発が遅れている国の、保健や水供給など暮らしの基礎となる分野を中心とし、さらには病院や学校、道路や橋の建設などに使われることが多い。

日本の無償資金協力は原則的に資金供与の形態をとっている。そのため、途上国が国造りのために必要な資機材や設備を調達するのに必要な資金の贈与を、主に行っている。

ちなみに、平成 20 年度の政府案による無償資金協力予算は、対前年度
比で 48 億円減の 1,588 億円となっている。また、他に ODA の形態とし
ては「有償資金協力」がある。

Group of Eight　　サミット / 主要国首脳会議【G8】

G8 とは、日本、アメリカ、イギリス、イタリア、カナダ、ドイツ、フ
ランス、ロシアの 8 か国および、その年における EU の委員長が参加し
て行われる会議のこと。毎年 1 回集まり、国際的な視点から経済や社会、
政治などの問題を中心とした議論が行われる。ロシアが加わったことで、
G7 から G8 へと呼び名が変更され、1998 年のバーミンガムでのサミット
以降、正式に G8 と呼ばれるようになった。ちなみに、ロシアは 1994 年
から一部の会議に参加していたが、すべての会議に参加するようになっ
たのは 2003 年からである。

ただし上記の 8 か国以外にも例外的に議長国の判断により、その他の
国家首脳や国際機関の代表者が呼ばれることもある。

組織の統括的な管理を行う機関はないが、毎年サミットを開催する国
が議長国輩なり、サミットの議事進行を行う。他にもサミットに向けて
の事前準備を行う会合など大臣クラスの会議を主催して、その諸準備も
行う。広義の意味では、これらの事前に行われる会議もサミットと呼ば
れている。

Group of Seven　　主要国首脳会議【G7】

G7 とは、先進 7 か国の財務相と中央銀行の総裁が世界の金融政策を話
し合う国際会議であり、正式名称を 7 か国財務相・中央銀行総裁会議と
いう。参加国は日本、アメリカ、フランス、ドイツ、イギリス、イタリア、
カナダである。

G7 の最大の目的は国際的な金融システムの安定を実現することであ
る。そのために、各国の金融機関への監視の強化や為替相場の安定など

について議論される。G7 の会議の開催の時期は年 3 回となっているが、その他にも世界経済に重大な影響を与える事象が発生した場合には随時、非公式で開催される。G7 は各国の財務の首脳があつまる会議であるため、そこで話し合われた内容には世界中の経済関係者が注目し、市場にも大きな影響を与えている。

　また、G7 の拡大版として G20（20 か国財務相・中央銀行総裁会議）がある。アジアやアルゼンチンで金融危機が相次いだことから、新興国と先進国の議論の場として設けられたものである。G7 に韓国やアルゼンチンやロシアなどといった新興国が加わった、先進国と新興国の財務相や中央銀行の総裁が国際金融システムの安定について一堂に会して話し合う機会となっている。

Group of Twenty　　20 か国地域首脳会議（金融サミット）【G20】

　G20 とは、世界経済で主要な 20 の国と地域の首脳陣が一堂に会するサミットのこと。構成国は G8 である日本、米国、英国、フランス、ドイツ、イタリア、カナダ、ロシアの 8 か国に加えて、欧州連合および、中国、インド、ブラジル、アルゼンチン、韓国、オーストラリア、メキシコ、トルコ、インドネシア、サウジアラビア、南アフリカ共和国の新興経済国 11 か国を加えた 20 か国で構成される。また、G20 には国際通貨基金（IMF）、世界銀行、国際エネルギー機関、欧州中央銀行などの国際機関も参加している。

　G20 の首脳会議は 2008 年 11 月にワシントン D.C. で初めて開かれた。米ピッツバーグで行われた 2009 年 9 月の第 3 国会議では定例化することが約束され、およそ半年に 1 回開催される。環境問題や世界的な経済危機などの諸問題は先進 8 か国のみで開かれる G8 での会議では、もやはあまり意味をなさず、急成長している新興経済国が加わった G20 で議論されており、G8 の機能は実質的に G20 に引き継がれている。

組織の統括的な管理を行う機関はないが、会議を開催する国が議長国となり議事進行を行う。他にも G20 に向けての事前準備を行う会合など大臣クラスの会議を主催して、その諸準備も行う。

Heavily Indebted Poor Countries　　重債務貧困国【HIPCs】

HIPCs とは、世界で経済状況が最も貧しく、債務状況が最も重いと判断される途上国の総称。また、1996 年に IMF 及び世界銀行の設定した基準に従い、IMF 及び世界銀行からその基準を満たすと判断されている国々の総称。日本語では、「重債務貧困国」。その基準は、1993 年の 1 人当たり GNP が 695 ドル以下であること、また、1993 年時点で現在価値での債務合計額が輸出金額の 2.2 倍以上或いは GNP の 80% 以上というもの。2002 年 3 月現在 42 か国が認定されている（内中近東アフリカ 35 か国、中南米 4 か国、アジア 3 か国）。HIPCs 救済に関して 1999 年 6 月には、IMF が債務救済イニシアティブ（拡大 HIPC イニシアティブ）を提唱し各加盟国政府が合意した。この計画は、HIPCs 認定国の債務額を、持続可能なレベルまで下げようとするもので、このイニシアティブの下で、ODA や債務帳消などの各加盟国政府による措置や、IDA（International Development Association：国際開発協会）による債務削減措置がとられている。ただし、このイニシアティブが適用されるには、既存の救済措置では持続可能なレベルへの引き下げが不可能で債務返済の目処がたたないこと、新措置により債務救済を志向することなどの一定の要件が必要とされる。

International Monetary Fund　　国際通貨基金【IMF】

IMF とは、1945 年に IBRD（International Bank of Reconstruction and Development：国際復興開発銀行）とともに設立された国際金融機関のこと。本部は米ワシントン DC。

主な業務内容は、貿易拡大の促進、為替の安定、加盟国の国際収支不均衡を是正するために資金を融資するなど、国際通貨体制の安定に努め

る。また、各国の経済状況をレポートする「世界経済見通し」を公表している。加盟国が出資して基金を作り、通貨危機や経済危機を未然に防ぐためなど必要なときはそこから外貨を借りることができる。

Least Developed Countries　　最貧国 / 後発開発途上国【LDC】

　最貧国とは、開発途上国の中でも、特に発展が遅れている国々のこと。2008年5月現在で、アフリカやアジアを中心に50か国が認定されている。国連開発政策委員会が2003年に定めた3つの基準の全てに該当した場合に、後発開発途上国として認定される。

　その基準は以下の通りである。①一人当たりの国民総所得が3年間平均で、年間750米ドル以下。②人的資源指数が基準値以下。その測定指標には死亡率、識字率、カロリー摂取量などがある。③EVI（Economic Vulnerability Index：経済的脆弱性指標）が基準値以下。その測定指標には、農産物生産量の安定度合い、商品やサービスに関する輸出の安定度合い、天災により影響を受ける人口の割合などがある。ただし、これらのうち2つを2年連続で上回り、なおかつ①の基準における年間の国民総所得が900米ドルを超えると、後発開発途上国から外れる。

Mercosur　　メルコスール【南米共同体】

　メルコスール（スペイン語）とは、ブラジル、アルゼンチン、ウルグアイ、パラグアイなどの地域内における財・サービス・労働の自由市場創設を目指す南米共同市場のこと。国際的経済・貿易面で立場を協調しあい、関連分野における法制度も調和し、生産要素の自由な流通を行う。1994年末までに域内関税の撤廃を目的とするメルコスールの発足を行うことで合意した、1991年の「アスンシオン条約」で、ブラジル、アルゼンチン、ウルグアイ、パラグアイのラテンアメリカ4か国によって設立された。1995年1月、域内関税の原則撤廃と、約9,000品目に対して対外共通関税を実施する関税同盟として発足した。本部はウルグアイのモンテビデ

オ。1996 年にはベネズエラが正式加盟し、チリ、ボリビア、ペルー、エクアドル、コロンビアが準加盟国となっている。

Millennium Development Goals　　ミレニアム開発目標【MDGs】

　　ミレニアム開発目標とは、2000 年 9 月にニューヨークで開催された国連ミレニアム・サミットにて採択された国連ミレニアム宣言と、1990 年代に開催された主要な国際会議やサミットで採択された国際開発目標を統合し一つの共通の枠組みとして統合されたものである。貧困の撲滅を主目的とし、達成すべき 8 つのゴールと 21 のターゲット項目を掲げている。

Newly Industrializing Economies　　新興工業経済地域【NIES】

　　NIES とは、発展途上国の中で 20 世紀後半に急速な工業化などにより高度経済成長を果たした国・地域のこと。アジアでは韓国、台湾、香港、シンガポール、中南米ではメキシコ、ブラジル、ヨーロッパではギリシャ、ポルトガル、スペイン、ユーゴスラビアなど。NICS（Newly Industrializing Countries：新興工業国）から代わって 1990 年代に用いられるようになつたが、現在ではあまり用いられることが少なくなり、代わって人口規模や経済力の大きいブラジル、ロシア、インド、中国を指す BRICs という表現が多用されている。

The Office of the United Nations High Commissioner for Refugees
国連難民高等弁務官事務所【UNHCR】

　　UNHCR とは、国連総会決議によって 1950 年に設立され、1951 年 1 月 1 日にスイスのジュネーブを本部として活動を開始した国連機関のこと。人道的見地から、紛争や迫害によって故郷を追われた世界の難民の保護と難民問題の解決へ向けた国際的な活動を先導、調整することを担っている。50 年以上にわたり、5,000 万人以上の生活の再建を支援し、現在は約 6,600 人の職員が世界約 110 か国で 3,400 万人の支援に従事している。

難民とは、人種、宗教、国籍、政治的意見やまたは特定の社会集団に属するなどの理由で、自国にいると迫害を受けるかあるいは迫害を受ける恐れがあるために他国に逃れた人々と定義されており、UNHCR は、それらの人々が安全に庇護を受け、延いては自主的に帰還、あるいは庇護国に定住、または第三国に定住できるように支援するほか、イベントやセミナー、シンポジウムなどを行い、支援の輪を広げている。なお、寄せられた寄付金に対しては控除の対象となる。

Organisation for Economic Co-operation and Development　経済協力開発機構【OECD】

　OECD は国際経済全般を取り扱い協議する国際機関である。本部はフランスのパリに設置されている。第二次大戦後、1948 年に米国のマーシャル国務長官が、混乱状態にあったヨーロッパ経済を救済すべきと提案し、マーシャルプランを発表した。これを契機に欧州 16 か国で OEEC（Organization for European Economic Cooperation：欧州経済協力機構）が設立された。この OEEC を前身として、欧州経済が回復するに伴い 1961 年 9 月、米国とカナダが加わり新たに OECD が発足した。日本は 1964 年に加盟。現在 35 か国が加盟している。

　活動の目的としては、先進国間の自由な意見や情報の交換を通じて、経済成長、貿易自由化、途上国支援の貢献するという三大目的を掲げている。

　OECD の最高機関として全加盟国が参加する閣僚理事会が年 1 回開催されている。また、OECD の意思決定機関として理事会が設けられており、年 1 回の閣僚理事会の他に、常任代表による通常理事会が頻繁に開催されている。加えて、主要な問題に関する検討を行う場として新執行理事会が年 2 回開催される。このような OECD 全体の活動にあたっての検討機関に加え、全体で 20 をこえる委員会が多岐にわたり活動している。

Paid Funding Cooperation（Loan）　有償資金協力

　有償資金協力とは、ODA の形態の１つ。途上国に対して返済義務はあるものの、長期かつ低金利といった緩やかな条件にて融資するもの。主に道路や橋、発電所、ダム、病院といった経済インフラの整備に利用される。対義語は供与や技術協力などの「無償資金協力」。こちらは途上国へ返済の義務を課さない贈与である。

　ちなみに日本では「円借款<ruby>えんしゃっかん</ruby>」とも呼ばれるが、これは日本が貸付を行う際には、基本的に円で行われるためである。

　また、日本で有償資金協力を行っている機関は JBIC（Japan Bank for International Cooperation：国際協力銀行）である。

Southern African Development Community　南部アフリカ開発共同体
【SADC】

　南部アフリカ開発共同体とは、南部アフリカ地域における地域協力組織のこと。経済統合を主な目的としており、さらに紛争の解決及び予防の活動もおこなっている。

　SADC の前身となった SADCC（Southern African Development Coodination Conference：南部アフリカ開発調整会議）は、南部アフリカ諸国が連携し、アパルトヘイト体制を敷いていた南アフリカ共和国の経済的従属から脱却するため 1980 年に設立された。しかし、1991 年にアパルトヘイト関連法が完全に撤廃されたことから、1992 年に現在の SADC に改組し、南アフリカ共和国の加盟も視野に入れて地域協力を行うこととなった。南アフリカ共和国は 1994 年に加盟した。

　SADC の加盟国は 15 か国で、本部はボツワナの首都ハボローネに置かれている。2000 年 8 月には、2012 年までに関税の全廃をめざす南部アフリカ自由貿易圏設立に合意した。また 2018 年までに共通通貨を導入するという目標も立てている。ほかにも、加盟国内の政治問題にも取り組ん

でおり、ジンバブエやマダガスカルの政治闘争にこれまで関わってきた。また、紛争を予防し、争いを司法的に解決するという目的のため、SADC 裁判所も設けられている。

Sustainable Development Goals　　持続可能な開発目標【SDGs】

持続可能な開発目標とは、MDGs の終了（2015 年 10 月）とその評価を受けて 2016 年から開始され 2030 年の達成を目標に世界の貧困、環境、経済発展などの課題を解決するための 17 の目標のこと。国連加盟国の 193 か国が採択した開発目標であり、各国共通の枠組みである。

Tokyo International Conference on African Development　　アフリカ開発会議【TICAD】

アフリカ開発会議とは、日本政府が主導となって開かれる、アフリカ諸国の開発をテーマに話し合う国際会議のこと。1993 年に東京で開催された第 1 回アフリカ開発会議以降、5 年に 1 度の間隔で開催されている。外務省では「日本アフリカサミット」または「日アフリカサミット」と呼称している。

日本の外務省と国連、国連開発計画（UNDP：United Nations Development Programme）、アフリカ連合委員会（AUC：African Union Commission）、世界銀行が共同で開催し、アフリカのこれからについて話し合う。アフリカ諸国のほか、開発パートナーであるアジア諸国や国際機関、NGO などの民間組織から首脳らが参加し、日本からは総理大臣や外務大臣などが出席する。会議では、アフリカ諸国が自主的に社会課題に取り組む「オーナーシップ」と、先進国と協調する「パートナーシップ」という基本原則にもとづき、アフリカ諸国へ援助や環境問題などについて政策対話が進められる。

2013 年 6 月、第 5 回アフリカ開発会議が神奈川県横浜市で開催され、アフリカ諸国からは 51 か国が参加した。会議では、アフリカ首脳と日本

の民間企業の代表との直接対話が初めて行われたほか、アフリカと日本の学生が互いの国のこれからについて話し合い、アフリカ開発会議に提言するという学生プロジェクトも実施された。

World Bank 　世界銀行【世銀】

世界銀行とは、国際復興開発銀行（IBRD）と、国際開発協会（IDA）の2つを合わせて世界銀行という。IBRD は、1945 年に国際通貨基金（IMF）とともに設立された国際金融機関で、加盟国の戦災などからの復興や、発展途上国の開発を主な目的としている。融資のほかにも、技術協力なども行っている。

IDA は、さらに厳しい発展途上国を主な対象とし、IBRD に比べて低い条件で融資を行うことができる。ただし、IBRD の姉妹機関で、スタッフなどは IBRD と同一である。さらに、姉妹機関である国際金融公社（IFC：International Finance Corporation）、多数国間投資保証機関（MIGA：Multilateral Investment Guarantee Agency）、国際投資紛争解決センター（ICSID：International Centre for Settlement of Investment Disputes）の5つを合わせて「世界銀行グループ」とよび、世界銀行総裁の指揮・統括を受けている。

3-2. MDGs プログレスチャート（2015）

国連は MDGs（Millennium Development Goals：ミレニアム開発目標）の達成状況に関する報告書を毎年発行している。主な指標の地域ごとの達成状況は以下のプログレスチャートにまとめられている。

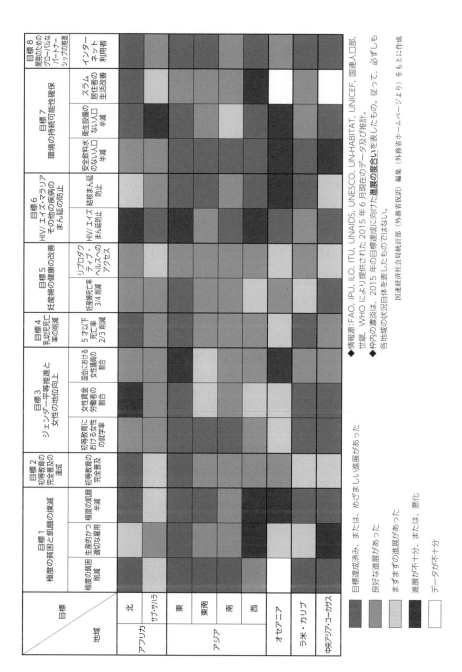

[図 1-4]　MDGs プログレスチャート（2015）

3-3. MDGs の達成状況

データ出典：国連ミレニアム開発目標報告書 2015
http://www.un.org/millenniumgoals/2015_MDG_Report/pdf/MDG%202015%20rev%20
(July%201).pdf（2018 年 4 月 18 日閲覧）
注：2015 年及び 2014 ～ 16 年のデータは推定値

目標 1　極度の貧困と飢餓の撲滅

1　貧困に関するターゲット（極度の貧困人口の割合を 1990 年比で半減）は
　　2010 年に達成。2015 年には 1/3 に！
　　※中国の発展の影響大

2　サブサハラ・アフリカ人口の 41% は依然極度の貧困層。

3　開発途上地域における栄養不良人口の割合はほぼ半減。
　　1990 ～ 92 年：23.3%　→　2014 ～ 16 年：12.9%
　　※ただし、今なお約 8 億人（世界人口の 9 人に 1 人）が栄養不良状態。
　　さらなる努力が必要。

[表 1-3]　1 日 1.25 ドル未満で暮らす人々の割合

	1990 年	2015 年
世界全体	36%（19 億人）	12%（8.4 億人）
開発途上地域	47%	14%

目標 2　初等教育の完全普及の達成
目標 3　ジェンダー平等推進と女性の地位向上

1　就学率及び若年層の識字率は向上するも、全ての児童の初等教育修
　　了は実現せず。

2　開発途上地域総体として見た場合、全ての教育レベルにおける男女
　　格差が解消。

3　1995 ～ 2015 年で、世界の女性議員比率は倍増。
　　※ただし、総数は男性議員の 1/5 にすぎない。

[表 1-4]　就学率・識字率

	1990 年	2015 年
開発途上地域の就学率	80%	91%
世界の 15 〜 24 歳男女の識字率	83%	91%

目標4　乳幼児死亡率の削減

目標5　妊産婦の健康の改善

目標6　HIV ／エイズ、マラリアその他の疾病の蔓延の防止

1　世界の 5 歳未満児死亡率は 53% 減少するも、ターゲット（1990 年比で 1/3 まで削減）達成までは至らず。

2　世界の妊産婦死亡率は 45% 減少するも、ターゲット（1990 年比で 1/4 まで削減）達成までは至らず。

3　開発途上地域の妊産婦のうち、望ましい妊産婦検診を受けているのは 2014 年段階で 52% にすぎず、普遍的なリプロダクティブ・ヘルスへのアクセスが達成されたとはいえない。

4　2000 〜 2013 年で、世界の HIV/ エイズの感染は 40% 減少。

5　2000 〜 2015 年で 620 万人以上の命がマラリア対策により、2000 〜 2013 年で 3,700 万人の命が結核対策により救われたと推定される。

目標7　環境の持続可能性確保

1　飲料水に関するターゲット（改良飲料水源を利用できない人の割合を半減）は 2010 年の時点で達成。

　　1990 年：24%　→　2015 年：9%

2　衛生施設に関するターゲット（改良衛生施設を利用できない人の割合を半減）は達成できず。

　　1990 年：46%　→　2015 年：32%

3　スラム居住者生活に関するターゲット（1 億人のスラム居住者の生活改善）は達成。

※ただし、スラム居住者数自体は増加傾向

[表1-5] 開発途上地域におけるスラム居住都市人口の割合

2000 年	2014 年
39%（7.9 億人）	30%（8.8 億人）

4　環境の持続可能性については、進展があるものの、CO_2排出増大、森林や水産資源の減少等、課題も残す。

目標8　開発のためのグローバルなパートナーシップの推進

1　ODA は、2000 ～ 2014 年で 66% 増加。

　　1990 年：810 億ドル　→　2014 年：1,352 億ドル

2　OECD 開発委員会（DAC）メンバー国のうち、ODA 拠出額の GNI 比 0.7% 目標を達成したのは 5 か国のみ。非 DAC メンバー国の ODA も増大（UAE は 1.17%）。

3　情報通信技術は大幅に普及し、2000 ～ 2015 年で、インターネット普及率は 4 倍、携帯電話加入者数はほぼ 10 倍に。

3-4. 持続可能な開発目標（SDGs）

　2001 年に策定されたミレニアム開発目標（MDGs）の後を受けた国際目標。2015 年 9 月の国連サミットで採択された「持続可能な開発のための 2030 アジェンダ」に記載されている。2030 年までに持続可能でよりよい世界を目指すことを目標としている。17 のゴール・169 のターゲット・232 の指標から構成され、地球上の「誰一人取り残さない（leave no one behind）」ことを誓っている（国連のサイト https://www.un.org/sustainabledevelopment/ 参照）。17 のゴール（目標）と、例として「ゴール 1（貧困をなくそう）」のターゲットを紹介する。

〈17 のゴール（目標）〉

1. 貧困をなくそう
2. 飢餓をゼロに
3. すべての人に健康と福祉を
4. 質の高い教育をみんなに
5. ジェンダー平等を実現しよう
6. 安全な水とトイレを世界中に
7. エネルギーをみんなにそしてクリーンに
8. 働きがいも経済成長も
9. 産業と技術革新の基盤をつくろう
10. 人や国の不平等をなくそう
11. 住み続けられるまちづくりを
12. つくる責任つかう責任
13. 気候変動に具体的な対策を
14. 海の豊かさを守ろう
15. 陸の豊かさも守ろう
16. 平和と公正をすべての人に
17. パートナーシップで目標を達成しよう

〈「1. 貧困をなくそう」のターゲット〉

1.1 2030 年までに、現在 1 日 1.25 ドル未満で生活する人々と定義されている極度の貧困をあらゆる場所で終わらせる。

1.2 2030 年までに、各国定義によるあらゆる次元の貧困状態にある、全ての年齢の男性、女性、子供の割合を半減させる。

1.3 各国において最低限の基準を含む適切な社会保護制度及び対策を実施し、2030 年までに貧困層及び脆弱層に対し十分な保護を達成する。

1.4 2030 年までに、貧困層及び脆弱層をはじめ、全ての男性及び女性が、基礎的サービスへのアクセス、土地及びその他の形態の財産に対する所有権と管理権限、相続財産、天然資源、適切な新技術、マイクロファイナンスを含む金融サービスに加え、経済的資源についても平等な権利を持つことができるように確保する。

1.5 2030 年までに、貧困層や脆弱な状況にある人々の強靱性（レジリエンス）を構築し、気候変動に関連する極端な気象現象やその他の経済、社会、環境的ショックや災害に暴露や脆弱性を軽減する。

1.A あらゆる次元での貧困を終わらせるための計画や政策を実施するべく、後発開発途上国をはじめとする開発途上国に対して適切かつ予測可能な手段を講じるため、開発協力の強化などを通じて、さまざまな供給源からの相当量の資源の動員を確保する。

1.B 貧困撲滅のための行動への投資拡大を支援するため、国、地域及び国際レベルで、貧困層やジェンダーに配慮した開発戦略に基づいた適正な政策的枠組みを構築する。

4. 国際協力と NGO/NPO

NGO/NPO への ODA からの支援とは

　90 年代に入り「ひと」中心の開発が推進される中で、地域に密着したきめ細やかな協力を実践している国内外の NGO/NPO との連携が ODA 事業にも重要視されてきた。その連携は、1997 年度の「開発福祉支援事業」と 1998 年度の「開発パートナー事業」から始まった。2000 年度には、より草の根レベルの案件実施を拡大する方針がとられ、ODA 事業において「NGO 人材育成総合プログラム」（人材育成）や 2002 年度には「草の根技術協力事業」（NGO による技術協力プロジェクト）を推進するようになっている。

　従来は、NGO/NPO 活動では難しかった社会経済インフラの整備やプロジェクト・サイクル（計画立案⇒案件形成⇒実施・モニタリング⇒評価）を導入することが ODA の支援によってできるようになった。

　また、NGO/NPO 支援事業の一環として、JICA の国際総合研究所（東京・市ヶ谷）において ODA 事業に関連する各種セミナー等への受講も可能となっている。

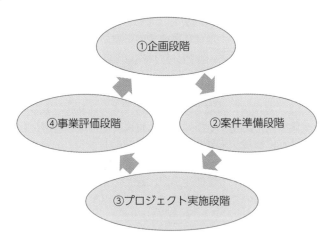

[図 1-5] NGO 事業におけるプロジェクト・サイクル・マネジメントの応用

5. フィールド調査の手法

5-1. 学術調査と社会調査の違い

　一般的に国際協力プロジェクトを形成する段階では、対象地域や対象住民についての背景情報を知るために社会調査が実施される。

　学術調査と違って、社会調査は、短期間に限られた人材と資金の中で問題点を発見し、対策を提言することが目的となる。

　例えば、学術調査は、研究のために対象地や対象者を調査するのが主目的であり、調査対象地域に住む人々や生き物に何らかの行為（Action）が及ぶことはまれである。一方、社会調査が実施されれば、その結果が地域の開発に結びつくことは多く、社会や環境に何らかの影響が及ぶ事になる。したがって、国際協力プロジェクトでは学術調査とは異なる手法を用いる必要がある。

　社会調査と学術調査では、調査の進め方も異なる。社会調査では、計画段階、実施段階、評価段階のいずれの段階においても

A. 情報の収集 → B. 問題点の特定 → C. 対策の検討 → D. 次の調査の計画・提言

という順序で作業を進めて行く。一方、学術調査では「現況の正確な把握」だけは同じであるが、必ずしも「問題点の特定」や「対策の検討」は必要とされず、学術的な　違い・効果・仕組み・関係の検討　に進む。

　国際協力プロジェクトは、政府開発援助（ODA）などの公的資金による発展途上国の支援がその主目的であり、そのプロジェクトを実施することによって、プロジェクト実施地域やそこに暮らす住民への「正の効果」が発現されることがプロジェクトの期待される成果と考えられる。

［表1.6］ 社会調査の種類と特徴

名 称	特 徴
従来型調査手法	アンケートとインタビューによって調査を進める手法。データを得るためには、事前のアンケート・インタビュー内容の精査が必要となり、統計学的に正確なデータを得られるが、調査者数、準備期間、調査期間、解析期間が大きくなり、時間と費用が掛かる。（例：国勢調査など）
RRA （Rapid Rural Appraisal） 農村簡易調査法	社会開発プロジェクトや社会林業プロジェクトで用いられる情報収集の手法。外部者が調査のために用い、住民のエンパワーメントは特に意図されていない。バイアスの打消し、迅速で漸進的な学習、役割の転換などの原則がある。
PRA （Participatory Rural Appraisal） 主体的参加型農村調査法	開発プロジェクトの受益者である地域住民が主体となって実施する農村調査。RRA と同じく地域の情報収集に加え、地域住民の参加意識と能力を高めること（住民のエンパワーメント）を目指す。
PLA （Participatory Learning and Action） 主体的参加による学習と行動	PLA とは「ファシリテーターの力を借りながら、地域住民が、開発に必要な情報を掘り起こし分析することで、より適切な現状認識を行い、自らの能力向上を図る開発プロセス」であり、「開発プロジェクトの目的を達成するための定型化された調査手法ではなく、住民参加の有効性に基づいて行う開発の考え方およびそれを実現するための方法」。（プロジェクト PLA 編『続・入門社会開発』国際開発ジャーナル社、2000 年、p.243 より）
APA （Appreciative Planning and Action）	悪い点だけに目を向け、改善を図るという従来の発想ではなく、良い点だけを取り上げ、楽しみながら計画を策定していく手法。NGO の調査手法として用いられ、日本では、「KJ 法」（文化人類学者の川喜田二郎による提唱からそのイニシャルを取って）と呼ばれる。
PCM （Project Cycle Management）	政府開発援助（ODA）でのプロジェクト管理ツール。調査手法として取り上げられることは少ないが、計画段階の「問題点の特定」から「次調査の計画・提言」に活用されることが多い。
KAP 調査 （Knowledge Attitude Practice Study）	医療分野で使われる現状把握調査。計画段階と評価段階の情報の収集に用いられる。感染病などに関する実践までの行動レベルを「知っているか」「予防しようとしているか」「実行できているか」の3つに分け、アンケート調査を行なう。プリテストとポストテストを行い、効果を見ることもできる。
FSR^注 （Farming Systems Research）	農家や小農がどのような経営戦略を持っているかを、人類学者や農業経済学者など、多分野にわたる観点から実地での調査を通して行う研究。1970 年代半ばから、アフリカを中心として進められた。

注　the U.S. Department of Agriculture の Agricultural Research Service のページ
（http://www.ars.usda.gov/index.html）

プロジェクトを実施する上では、プロジェクト対象地域やプロジェクト対象地域住民の抱える問題や課題を正確に把握し、それらを解決する行為（Action）がプロジェクトの具体的な活動となる。

　国際協力プロジェクトの各段階で進める、上記の A. → B. → C. → D.、という一連の手順の内容をもう少し詳しく見てみよう。

　計画段階の　**A. 情報の収集**　では、どこに何があるのか、何と何が関係しているのか、どのような規制があるのか、どのような歴史を経てきたものなのか、どのような失敗を経験してきたのかなどを把握する。

　計画段階の　**B. 問題点の特定**　では、誰が一番問題を抱えているのか、何が一番問題なのか、問題の原因は何かを検討する。

　C. 対策の検討　では、どのような対策がありうるのか、その対策はどのくらい効果が期待できるのか、対策の経済効果はどうか、自立発展性はあるのか、環境に悪影響をもたらさないかなどを検討する。

　D. 次調査の計画・提言　では、今後どんな調査が必要なのか、今後どんな検討が必要なのか、どのようなフォローアップが必要なのかを検討する。

　［表 1.6］に主な社会調査の特徴を示す。

5-2. 半構造型インタビュー

　インタビュー調査には、構造型、半構造型、非構造型の 3 種類の形態が有る。

　構造型インタビュー　とは、インタビューの内容が紙面などに記載された形でのインタビューを示し、日本では「アンケート調査」（enquête：フランス語で調査・捜査の意味）と呼ばれているが、正式な名称は、英語でQuestionnaire（クエッショオネア：質問票調査）と呼ばれる。構造型インタビューの特徴は、［表 1.6］の「従来型調査手法」にある通り、「統計学的に正確なデータを得られるが（中略）時間と費用が掛かる」という、メリットとディメリッ

トが存在し、短期間で実施される限定された地域での限定された住民を対象にするような調査には向かない。

　非構造型インタビュー　とは、文化人類学者などがフィールド調査に用いる手法であり、調査対象地に居住し、地域の住民と同化する事によって日常会話の中から必要な事柄を探り出す方法で、対象者にストレスを与えたりしないが、十分な情報を得るためには、住民との信頼関係の構築が必要となり、時間と費用が掛かる。

　ここでは、調査の準備に時間や費用が掛からず、国際協力プロジェクトを実施する上で最も一般的に用いられる、**半構造型インタビュー**、特にRRA と PRA/PLA に焦点を当てて解説する。

RRA（Rapid Rural Appraisal：迅速地域調査・簡易型地域調査）

　一般的な農村調査は大がかりで多くの時間を要するもので、その成果に基づいてプロジェクトの立案や評価を行うのはあまり役立たなかった。これに対して1980 年代に入りロバート・チェンバース（イギリスの開発学研究者。サセックス大学開発学研究所元教授）らが中心となって新しい調査方法を確立した。この手法は異なる分野の複数の外部専門家が一つのチームになって現地に1・2 週間滞在し、住民の参加と協力を得ながら、地域の自然や資源、営農体系や経済状況、階層や社会問題などを調査し、短期間でその村での開発プロジェクトの方向性や成果を明確にする。つまり、少ない負担でプロジェクトの立案などには十分利用できる水準の情報を、迅速に得ることができる調査手法の一体系である。（[表 1.7] 参照）

PRA/PLA

　最近 20 年間で、開発の中で「参加」がきわめて重要なキーワードになった。住民自身が主体となって情報を確認し、自ら行動を起こすことを主眼としたPRA（Participatory Rural Appraisal：主体的参加型農村調査法）や PLA（Participatory Learning and Action：主体的参加による学習と行動）などと呼ばれる方法が 90 年

代に提言された。これらの方法では、外部者の役割は、地域住民自身の学びのプロセスを手助け_{ファシリテート}することに限定される。ある集落で困窮世帯を知ろうとした場合、外部者が調査をすると、全戸訪問して多岐にわたる質問をしても正確な情報を入手するのは難しい。その代わり、集落の人が集まって話し合いながら貧しい世帯を選び出せば短期間で適切な選択がなされることになる。この考え方に徹すれば、開発プロジェクトを外部から持ち込むこと自体が否定されかねない。しかし、村人といっても階層などで分断されていたり、対立関係にある場合も少なくない。「参加」や「住民主体」といってもどのように参加し、どのようにコントロールするのか疑問も残る。しかしPRA/PLAで示された考え方や姿勢をよく学ぶことによって現地のニーズに合ったプロジェクトの形成が可能となる。

5-3. 視覚的ツールの利用

　半構造型インタビューを補完する形で地図づくり、年表づくり、季節カレンダー、社会相関図、ランキング（順位付け）などの視覚的ツールが利用される。固定されたパッケージがある訳ではなく、収集する情報をより正確な物とするために用いられる。

　地図づくりには、平面図と縦断図（用排水などの垂直関係など）が有り、前者が住宅や建物など位置関係や資源情報などの収集に用いられ、後者は垂直な位置関係を見ることができる。地図には、住民の数や男女比、家畜の数、給水場など重要な情報を書き込むことが可能である。

　年表づくりは、地域の時系列的な発展のプロセスや住民の時間的な動向を知ることができる。

　季節カレンダーは、季節の作付けや天候、季節的な労働力の集中など様々な情報を得る事ができる。

　社会相関図では、地域の相関や住民の関係性を知ることができる。ランキングも様々な物事や人間関係の優先順位をることができる。

[表 1.7] RRA のツール一覧表

Classification	Tools and acquisition articles
Collection analysis of 2nd order-information	Map / Anthropology record / The report of a project
	A governmental development plan document
	An assistance organization's report
Observation	Direct and indirect observation
	Experience
	Group exploration (transect)
Semistructured interview	Community
	Focus group discussion
	Topical interview
	A household and an individual
Figure	Colony map
	Labor calendar
	Annual cultivation calendar
	Everyday life record figure
	Social figure (Ben diagram)
	A local sectional view
	Genealogy
	Income and expenditure flow
	Will and policy decision genealogy
Ranking table	Wealth Ranking
	Problem ranking
	Priority ranking
	Historical matrix
	The comparison table of before and after project
Game	The game which asks selection and decision-making
Image	Photograph / Aerial photograph / Video
Race history	Historical profile / An individual case study / Portrait
	An investigation candidate's anecdote
A light questionnaire	

The topic suitable for use
The basic information about an object village is collected in related ministries and government offices, a local administration organization, an assistance organization, etc. in the preparation period and the stage of the beginning of a field survey.
The investigator itself observes and information is recorded. Or I have residents attach record during a fixed period. (For example: the situation of an infrastructure institution, a use situation, frequency, the participation for village meeting, etc.)
Agricultural work, a fishing, etc. are experienced together with residents.
The team member from whom other specific field observation and an interview for a village the surroundings by on foot or the car together.
The interview for which the representative of a community gather. The village general information are held and what sub group exists as a basic information. (Interviewee: village mayor etc.)
To make the group such as five to nine persons with high homogeneity gather, and discuss about the specific theme. (Interviewee: A female group, land-less farmer group)
It uses to acquire knowledge and an opinion of various social groups and organization staffs. Having a dialog, it can investigate deeply and information can be acquired. (Interviewee: agricultural extension officer, religion leader)
Typical household and individual are visited, interviewed. However, after at the community interview held with secondary data or beforehand such as an income, labor, food, property, etc.
The sketch of a village, To grasp of a land resources usage situation and some infrastructure maintenance situation.
Change of and the contents of the labor force, supply-and-demand pattern of the labor force for each season, and every year, an understanding of the labor distribution between constituents (man and woman etc.)
Farming situation. Grasp of the work time for every agricultural-work process
How to use daily time is grasped.
Grasp of the relation, role, and function of the various social groups in a community
Grasp of the infrastructure maintenance situation of a land resources practical use situation and an area
Grasp of social class specialization and social relation of a village, a child's number of averages, or an educational level
From the flow of income and expenditure, how to know the life of households.
Grasp of based on what reason and conditions residents are determining in what process. (Example: a farmer's cultivation crops and the reason of technical selection)
Grasp of social class specialization
Grasp of the importance of the problem of a community or a group
A community, the needs of a group, and grasp of a selection standard
Changes of a life of residents, an understanding of change
Grasp of project importance
Grasp of based on what reason and conditions residents are determining in what process. (For example: a farmer's cultivation crops and the reason of technical selection)
An image is shown and a farmer's viewpoint and view are grasped.
A related occurrence is itemized in order of time.
A serious incident etc. can be grasped.
The easy questionnaire survey of a small number of item is conducted for 30 to 50 household. It is totaled while being in the village, and a result is fed back to investigation on that spot.

Karen Schoonmaker Freudenberger, *Rapid Rural Appraisal (RRA) and Participatory Rural Appraisal (PRA): A Manual for CRS Field Workers and Partners*, Catholic Relief Services, 2008. より

第 2 章

NGO/NPO

この章では、NGO/NPO の意味や心構え、世界の
NGO の成り立ち、日本の NGO の動向、現在の NGO の
新しい形や今後の展望について学び習得できるように構
成されている。

1. NGO/NPO とは

災害、紛争、戦争が起こるたびに、また、地域で困った事態が起きたり、
病気で苦しんだりしている人を見るたびに多くの人が何とかしたいと自ら
の意思で支援活動を行った。NGO の活動はもともとそういった市民のボラ
ンティア活動から始まった。そもそものボランティア活動は次の 4 原則が
挙げられる。(ボランティア活動の原則と、参加する時の留意点については、第 3 章を参照)

1-1. ボランティア活動の 4 つの原則

①自発性・主体性　他者から強制されて行うのではなく、自ら進んで活動
　　　　　　　　　する。

②無償性・無給性　見返りとして、金品や名誉・地位を求めない。

　　　　　　　　　※交通費などの実費程度であれば " 無償 " の範囲と考えられる
　　　　　　　　　ようになってきたが、ボランティアする側・依頼する側によ
　　　　　　　　　り異なる。

③先駆性・創造性　地域社会での問題の解決のために、既存の制度やサー
　　　　　　　　　ビスにとらわれない創造的な活動をおこなう。

④社会性・公益性　住民参加により地域社会をより良くして行こうとする
　　　　　　　　　活動。

1-2. 言葉の定義 （内閣府 NPO ホームページをもとに作成）

NGO（**N**on-**G**overnmental **O**rganization）

　NGO とは、「国際的な公益活動を行う自発的な市民組織」と定義される。最初に使われた NGO という言葉（国際連合憲章・第71条：1956年）は、「非政府組織」として国際連合が格付けした民間団体のこと。

　〈広義〉　市民セクター（民間非営利セクター）に分類される団体

　〈狭義〉　一般的な国際協力団体

NPO（**N**onprofit **O**rganization/**N**on-for-**P**rofit **O**rganization）

　NPO とは、

　〈広義〉　非営利団体

　〈狭義〉　（特に日本で）特定非営利活動促進法（1998年12月施行）によりボランティア活動をはじめとする市民の自由な社会貢献活動の健全な発展を促進することを目的として法人格を得た団体＝特定非営利活動法人（NPO 法人）

特定非営利活動法人（NPO 法人）

　特定非営利活動促進法によって国または都道府県から法人格を得た団体。法人格を持つことによって、法人の名の下に取引等を行うことができるようになり、団体に対する信頼性が高まるというメリットが生じる。

　現在では、特定非営利活動法人は、法人数も増加し社会に定着してきており、2012年6月には、こうした NPO 法人のプレゼンスの高まりを背景としながら、法人の財政基盤強化につながる措置等を中心とした大幅な法改正が行われた（2012年4月1日施行）。

認定特定非営利活動法人

　NPO 法人のうち実績判定期間（直前の2事業年度）において一定の基準を満たすものとして所轄庁の「認定」を受けた法人は、認定特定非営利活動法人（認定 NPO 法人）となる。認定 NPO 法人になると、税制上の優遇措

置を受けることができる。

公益社団法人、公益財団法人

　活動の内容は、NPO 法人とほぼ同様であるが、一般社団法人、財団法人のうち、公益法人認定法に基づいて、行政庁から公益性を認定された社団法人、財団法人を公益社団法人、公益財団法人と呼び、公益を目的とする事業は非課税となるなど、税制上の優遇措置を受けることができる。これらの法人は、一般的に NPO 法人より社会的信用度は高く、長い活動実績を持つ団体が多い。

2. 国際救援活動の歴史

2-1. 世界の国際協力 NGO の沿革

〈赤十字国際委員会〉

　最初は、19 世紀後半のヨーロッパの内戦による傷者救護のために「赤十字国際委員会」が国境を越えた支援を目的に設立された。

〈第一次世界大戦後　イギリス〉

　20 世紀前半には、第一次世界大戦（1914 〜 1918 年）の影響から生じた国内問題（戦災孤児の増加や戦後の混乱）の解決のための組織が設立された。代表的な団体は、イギリスで設立されたセーブ・ザ・チルドレン、フォスター・プラン、OXFAM など。

〈第二次世界大戦後　開発途上国〉

　第二次世界大戦（1939 〜 1945 年）の終了後には、植民地の独立が相次ぎ先進国と開発途上国の格差が大きな問題となり NGO の支援対象地が最初から開発途上国（発展途上国）に設定された。代表的な団体は、NOVIB、クリスチャン・エイド、ミゼリオール、CUSO、国境なき医師団など。

〈開発途上国独自〉

　世界的に経済が拡大した 20 世紀後半からは、開発途上国（発展途上国）自体で支援団体が設立され始めた。代表的な団体は、バングラデシュ農村振興委員会、アジア開発文化フォーラム、ジュアン・ラスティープ財団、ディアン・デザ財団、農業技術開発センターなど。

〈キリスト教　ボランティア精神〉

　欧米の NGO 設立には、キリスト教がその背景にあり、教会でのボランティアの呼び掛けや、募金（寄付）などによって培われたボランティア精神が、その活動の基本理念となっている。

2-2. 日本の国際協力 NGO の沿革

〈政府開発援助〉

　欧米のように NGO 設立に宗教的な背景の少ない日本では、政府開発援助が本格化した 1960 年代から NGO の設立も始まり、先駆的な団体としては、日本キリスト教海外医療協力会（JOCS：1960 年設立）とオイスカ産業開発協力団（OISCA：1965 年設立）が設立された。特に OISCA は、政府開発援助の集中した東南アジアでの農村開発を担う人材の育成を現地の実演展示農場で実施する支援形態をとり、政府開発援助に人材の育成面で貢献している。

〈特定地域支援〉

　1970 年代に入ると、バングラデシュ支援を核としたシャプラニール＝市民による海外協力の会（1972 年設立）やネパールへの支援を核としたヒマラヤ保全協会（1974 年設立）が設立され特定地域への支援活動が始まった。

〈特定分野支援〉

　一方、日本の有用技術を途上国に移転するという考え方から、途上国の青少年を日本に招聘し集団活動や農業技術の習得を支援の目的とした学校法人アジア学院（1973 年設立：栃木県）の活動が開始された。また、児童福

祉の観点から里親運動を展開する基督教児童福祉会国際精神里親運動部
（CCWA：1974年設立）の設立など特定の活動分野（農業農村開発、児童福祉など）
に特化した団体が設立されるようになった。

〈支援ニーズの変化に対応〉

　また、インドシナ動乱（1930年〜1954年）後に起こったカンボジアやラオ
スからの難民を支援することを目的に日本国際ボランティアセンター（JVC：
1980年設立）が設立された。この団体は、発展途上国で変わっていく支援の
ニーズに応えて支援活動（医療支援→地域開発→平和構築）や支援地域（タイ→
アフリカ→紛争地）を変えながら現在も活動を継続している。

〈JANIC〉

　JANIC（国際協力NGOセンター：1988年設立）は、国際協力NGOのネットワー
ク化を支援する団体として、補助金の情報や各種セミナーの情報、団体設
立のための運営セミナー等、NGO間での情報共有を支援してきた。この活
動は、1980年代から増加した国際協力NGOの設立や各地でのネットワー
ク化に貢献している。

〈後発の日本〉

　このように、様々な国際協力NGOが日本でも設立されてきたが、欧米と
比較すると日本の国際協力NGOの歴史は浅く、NGOを支援する社会的背
景にも乏しい。ほとんどの団体が、日本の経済成長後、開発途上国の問題
が世論にも大きく取り上げられるようになった1980年代以降の設立となっ
ている。

〈ネットワーク構築〉

　1990年代に入ると外務省の主導によって同じ協力分野のネットワーク構
築（「南の子供支援NGO協議会」、「農業農村開発NGO協議会」など）が重要視され、
主要NGOによるネットワークの構築のためのセミナー、スタディーツアー
などの実施が政府の補助金で開始されるようになった。

[表 2-1]　国際支援活動団体と設立時期

名　称	国	設立年
地域（欧米）の救済から開発途上国の支援へと活動を拡大した団体		
＊赤十字国際委員会　の設立が起源とされる。		1863年
セーブ・ザ・チルドレン	イギリス	1919年
フォスター・プラン	イギリス	1937年
OXFAM	イギリス	1942年
CARE	アメリカ	1945年
カリタス・インターナショナル	イタリア	1950年
開発途上国支援を目的として設立された団体		1950年後半〜1970年前後
NOVIB	オランダ	1956年
クリスチャン・エイド	イギリス	1957年
ミゼリオール	ドイツ	1958年
CUSO	カナダ	1961年
国境なき医師団	フランス	1971年
発展途上国（被援助側）から設立された団体		1970年代以降
バングラデシュ農村振興委員会（BRAC）	バングラデシュ	1972年
アジア開発文化フォーラム（ACFOD）	タイ	1972年
ディアン・デザ財団	インドネシア	1976年
デュアン・プラスティーブ財団	タイ	1978年
農業技術開発センター（CRTD）	フィリピン	1978年
日本の国際協力 NGO（設立時の名称）		
日本キリスト教海外医療協力会（JOCS）		1960年
オイスカ産業開発協力団（OISCA）		1961年
シャプラニール＝市民による海外協力の会		1972年
アジア学院		1973年
ヒマラヤ保全協会		1974年
基督教児童福祉会国際精神里親運動部（CCWA）		1974年
日本国際ボランティアセンター（JVC）		1980年
曹洞宗ボランティア会		1981年

3. 日本の NGO の現状とその問題点

国際協力 NGO の概観

本章「2-2. 日本の国際協力 NGO の沿革」でも述べたが、欧米の NGO と比較すると日本の NGO は、その歴史も浅く、NGO を支援する社会的背景も乏しい。支援分野では、国内における児童福祉や介護保健分野がその多くを占めている。

活動の対象地や対象者を海外、特に発展途上国とする国際協力 NGO は、全体から見るとその数は少なく、大小を含めて約 400 団体に過ぎない。設立の傾向は、1970 年代から増加し始め、ほとんどの団体が、日本の経済成長後、開発途上国の問題が世論にも大きく取り上げられるようになった1980 年代以降の設立であり、1990 年代の設立が最も多く、近年ではその設立は減少している。

〈組織〉

組織の特徴は、税的な優遇措置のある特定非営利活動法人格（NPO 法人格）を有する団体が約 7 割を占める一方で、任意団体（法人格を持たない団体）は減少している。法人格を持つ団体は、その活動実績や規模の拡大から一般財団・社団法人を取得するケースも見られる。

〈活動分野〉

国際協力 NGO の活動分野で多いのは、教育・職業訓練や環境、農業・漁業・開発、保健・医療の順番である。

近年の国際協力 NGO の活動分野は、「MDGs から SDGs への活動のシフト」、「武力紛争地域への人道支援」、「東日本震災支援を契機とした国内災害支援への展開」へと拡大してきており、これらの成果をより効果的にするために他の NGO 団体や行政、民間企業などの他セクターとの連携の推進が目立ってきている。

〈活動地域〉

　活動地域に関しては、アジアが約7割を占め、フィリピン、カンボジア、ネパール、タイ、インドネシアと特に東南アジアの国々がその上位を占めている。一方、アジア以外にも中東・アフリカ・中南米・オセアニア・欧州など活動地は世界100か国に広がっている。

〈近年の傾向　ネットワーク〉

　1990年代に入ると外務省の主導によって同じ協力分野のネットワーク構築（「南の子供支援NGO協議会」、「農業農村開発NGO協議会」など）が重要視され、主要NGOによるネットワークの構築のためのセミナー、スタディーツアーの実施などが政府の補助金で開始されるようになった。

　現在の日本の国際協力NGOは、ネットワークNGOの時代に入っていると言える。これらの全国活動型ネットワーク内には、加盟NGOによる課題別、分野別、対象国別に委員会やワーキング・グループが組織されていたり、または複数のネットワークに重複して参加していたりとNGO間の連携は重層化してきている。

[表2-2]　日本のネットワーク一覧

JANIC『NGO データブック 2016：数字で見る日本の NGO』（外務省、2016 年 3 月）より

ネットワーク名　　　［設立経緯］《目的》	主な活動
全国活動型ネットワーク	
国際協力 NGO センター（JANIC） ［設立経緯］1983 年発足の「NGO 関係者懇談会」が前身。学習会活動、NGO 若手リーダーの東南アジア対話旅行、アジア NGO フォーラム等を通じて、NGO 間の協力と活動の一層の向上の必要性を感じた NGO 関係者により 1987 年設立。 《目的》国際協力を行う市民組織（NGO）間の協力関係を促進し、NGO の健全な発展に貢献すると共に、NGO 活動の社会的意義の確立をめざし、世界の人々と共に生きる地球市民社会実現に寄与すること。	(1) NGO 市民情報センター運営 (2) 国際協力フェスティバル共催 (3) 新人研修・会計講座、各種セミナーの実施 (4) 提言活動・調査研究 (5) NGO 間ネットワーキング、他セクターとの連携 (6) 海外ネットワーク NGO との情報交換・協力関係推進 (7) アジア貧困半減協働ネットワーク
CSO 連絡会 ［設立経緯］日米コモンアジェンダにおける日米 CSO 協力の枠組づくりの一環として、2000 年 1 月にホノルルで第 1 回 CSO フォーラムが開催された。開催に際しては、日本側で CSO 連絡会、米国側で日米パブリック・プライベート・パートナーシップ（P3）が設立され、コーディネート機関として働いた。その後、日米 CSO 事務局として、CSO 連絡会 − P3 の協調体制が確立された。 《目的》CSO 連絡会は、地球的規模問題に取り組む CSO（市民社会組織）の基盤を整備し、建設的で相乗効果のある CSO の交流・協調・連携による活動の促進を図ると同時に、NGO のキャパシティ・ビルディング、CSO としての自立的な提言（政策、政府・企業・財団による NGO 支援策）、日米 CSO の連携を基盤とした日米 NGO の協調ファンドレイジング、日米共同事業実施の促進、ならびに日米財団間の連携推進などを行う。これらの活動を通して、日本国内の市民社会構築の一助となることを目指す。	(1) 日米 CSO の協力による国際協力の推進 (2) セクター間のパートナーシップ強化 (3) 日米両国政府、国際開発援助機関等による援助政策に関する提言 (4) NGO のキャパシティ・ビルデイング（日米相互研修制度の拡充、情報面でのサポート・システム構築、メディアに対する働きかけ等）

ネットワーク名 [設立経緯]《目的》	主な活動
地域拠点型ネットワーク	
埼玉国際協力協議会（埼玉 NGO ネット） [設立経緯] 1995 年、「さいたま国際協力フォーラム～地域からの草の根協力・交流の進展のために～」を、埼玉県内で初めての開発教育地域セミナーとして実施。この時フォーラムに関わった団体・個人が集まり、NGO 同士のネットワーキングと同時に、埼玉県、県国際交流協会とのパートナーシップを目指し、翌年発足。 《目的》埼玉県内でさまざまな国際協力に取り組む市民団体（NGO・NPO）及び個人の協力関係（ネットワーキング）を促進するとともに、互いの自主性や地域性を尊重しながら協力して働くこと（協働）によって、公正・共生を基本理念とする地球社会の実現に寄与することを目的とする。	(1)開発教育指導者セミナー (2)会員及び一般市民のための「国際協力入門セミナー」 (3)会員の定例会（毎月 1 回） (4)三者協議会：NGO ネット、県国際課、県国際交流協会（毎月 1 回） (5)会員の集い (6)「彩の国さいたま国際フェア」参加 (7)「彩の国さいたま国際交流・協力ネットワーク」代表幹事 (8)「ネット通信」発行
横浜 NGO 連絡会 [設立経緯]「横浜国際協力まつり」実行委員会・横浜市国際交流協会との共催) 準備の共同作業などを通じて NGO の地域ネットワークの必要性が、団体間で認識されるようになった。2001 年 1 月、旧・第 4 回横浜国際協力まつり 2000 実行委員の NGO16 団体が自主的に設立準備会を組織し、同年 6 月、21 団体が加盟して「横浜 NGO 連絡会」設立。 《目的》横浜及びその周辺地域に活動拠点を置いて国際協力事業を行う NGO 団体が連携し、社会正義と平和の実現を目指す。また、協働して市民・行政・企業への働きかけを行いパートナーシップの構築を図る。この目的を達成するための事業を実施していく。	(1) 横浜国際協力まつり開催 （財）横浜市国際交流協会との協力で定期開催。 (2) 共同企画 会員団体の資質向上と国際協力事業の推進を目的に会員団体による共同企画事業を実施。（学習会、イベントやセミナー開催） (3) 政策提言・緊急支援活動 (4) 情報・ネットワーク事業
京都 NGO 協議会 《目的》京都およびその周辺に事務局を持つ国際 NGO 団体の活動を推進し、運動を発展させること。	(1)会員団体間および関係団体との交流・協力関係促進 (2)NGO 関連情報収集・交換 (3)提言活動、開発教育

ネットワーク名 　　[設立経緯] 《目的》	主な活動
関西 NGO 協議会 [設立経緯] NGO の相互協力が求められた 1985 年初めに「関西 NGO 連絡会」として発足。その後、例会で協議を深め、87 年に「関西国際協力協議会」を設立。94 年に現名称に変更した。 《目的》主に関西に活動拠点を置く国際協力 NGO が協議を深め連帯を強めることから、各団体の活動が充実し発展することを目的とする。政策提言、開発教育、研修活動、JICA 委託研修事業を展開しネットワーク強化を図る。	(1)関西 NGO 大学開催 (2)「NGO との連携による参加型村落開発コース」実施（JICA と協働） (3)市民への情報提供、相談業務および NGO 間の組織強化（セミナー開催） (4)NGO 相談員、NGO 研究員、NGO 調査員等
関西国際交流団体協議会 [設立経緯] 1984 年 12 月、民間の市民活動団体が相互に情報交換を行い、横の連携を深めることによって市民レベルの国際交流活動を推進しようと、72 団体が参加し、全国初の国際交流団体のネットワーク組織「大阪国際交流団体協議会」が発足。設立 10 年を機に現名称に変更。関西一円の国際交流・協力、在住外国人支援にかかわる市民団体や自治体設立の国際交流協会、企業設立の団体、政府系機関など多様で主要な NPO・NGO が加盟。 《目的》平和、人権、貧困、環境など地球規模並びに地域社会における課題解決と共生社会に向けて、国際交流・国際協力団体のネットワークを構築し、民間非営利活動の基盤強化と、市民の意識啓発や活動への参加促進を図る事業を行うとともに、多（他）分野の民間団体、行政機関、国際機関、企業・経済団体、教育機関等との連携を促進し、もって、平和の確立、人権の尊重、貧困の撲滅、環境の保全など豊かな地球市民社会の実現に寄与することを目的とする。	(1)国際交流・国際協力団体間の連携を促進する事業 (2)国際交流・国際協力団体と多（他）セクターとの連携を促進する事業 (3)国際交流・国際協力や市民活動に関する情報の収集と提供事業 (4)市民の意識啓発と活動への参加を促進する事業 (5)民間非営利活動の基盤強化に関する事業 (6)調査研究および提言活動
神戸 NGO 協議会 《目的》神戸市を中心とする NGO の経験交流を通じて、NGO 運動の発展を図る。	(1)経験交流の場としての例会（隔月） (2)シンポジウム開催

ネットワーク名　　　［設立経緯］《目的》	主な活動
NGO 福岡ネットワーク 《目的》福岡地区の NGO 同士で相互交流・情報交換・お互いの学びあいなどを行う。また、一般市民に国際協力や NGO 活動を学ぶ機会を提供する。この他全国の NGO ネットワークとの相互理解も実施。	(1) NGO カレッジ実施 (2) 教室と NGO かけ橋交流会 (3) 国際協力ニュース発行 (4) NGO ひろば実施
沖縄 NGO 活動推進協議会 《目的》主として沖縄県内の NGO の資質の向上、相互連携を図り、もって社会貢献ならびに国際協力に資することを目的とする。	(1) NGO-JICA ワークショップ・イン・沖縄企画運営 (2) 国際協力フェスティバル (3) 沖縄 NGO ダイレクトリー (4) NGO 相談員

対象国・地域別ネットワーク

アフリカ日本協議会 ［設立経緯］アフリカに関心を持つ人々とはじめた交流会・勉強会から、アフリカへの積極的支援を目指して 1990 年 7 月に設立。 《目的》アフリカ人自らが主体性をもち、アフリカ人の自立とアフリカの発展を目指し、地球環境を考慮に入れた農村開発ができるように支援する。	(1) アフリカでの事業実施（技術指導、学校建設等） (2) 開発教育のためのシンポジウム・報告会、講演
カンボジア市民フォーラム ［設立経緯］カンボジアについての理解と情報を共有し、NGO の活動を質的に向上させるため、国内外の NGO と市民のネットワークを設立。 《目的》カンボジアについての理解と情報を共有し、NGO の活動を質的に向上させる。また、NGO や市民の立場からカンボジア復興に関わる政策への提言・提案を行う。	(1) 情報収集・発信 (2) 政策提言
ネパール NGO 連絡会 ［設立経緯］ネパールでは多くの日本の NGO が活動しているが、お互いの連携が少なくバラバラに活動してきた。そこで緩やかなネットワークを通じ情報交換や協力を促し、NGO 活動の質的向上を図ることにした。 《目的》ネパールで活動する日本の NGO のネットワーキングを通じ、各団体が持つノウハウや情報の交換を促進し、NGO 活動の質的向上を図る。	(1) 日本・ネパール NGO 会議、総会およびフォーラム開催 (2) ネパール NGO フェスティバル開催 (3) 加盟団体資料集発行 (4) ニュースレター発行 (5) ホームページ運営

ネットワーク名　　　［設立経緯］《目的》	主な活動
課題別ネットワーク	
開発教育協会 ［設立経緯］1979 年に日本で初めての「開発教育シンポジウム」が東京で開催されたことが契機となり、開発教育に関心を寄せる個人や段代が集まり、1982年 12 月に設立。 《目的》各地で取り組まれている開発教育の試みや経験の共有をはじめ、関連情報の収集・提供、国内外の関連団体や関係行政との連絡調整を通じて、日本における開発教育の理解と普及を図ること。	(1)開発教育全国研究集会開催 (2)地域セミナー、開発教育担い手会議、入門講座(毎月)、教員セミナー開催 (3)開発教育情報センター運営 (4)カリキュラム研究、教材作成、研究誌・会報発行
地雷廃絶日本キャンペーン ［設立経緯］地雷問題には NGO や国際機関が個々に取り組んできたが、1992 年地雷廃絶国際キャンペーン（ICBL）が発足され、その動きに応えて日本キャンペーン（JCBL）を設立。 《目的》地雷問題を人道上および国の再建、開発を阻害する環境上の問題として捉え、日本および世界の市民団体が持つ各々の専門的知識を結集し、各国政府および国際社会に対して地雷廃絶のキャンペーンを行い、完全廃止の実現を呼びかける。	(1)地雷問題の啓発のためのイベント、勉強会開催 (2)地雷廃絶への世界の動きを国内へ発信 (3)日本政府への調査と提言 (4)地雷除去、被害者支援等を行っている現地 NGO 支援 (5)オタワ条約未加盟国の NGO の活動支援
途上国の債務と貧困ネットワーク （旧ジュビリー 2000） ［設立経緯］1998 年から 2000 年のジュビリー 2000の活動を引き継ぐためのネットワークとして再編成。 《目的》貧困解消を最終的な目標とするが、そのための一つのとりかかりとして累積債務問題の解決に取り組む。	債務の帳消しを実行するための調査・研究、ロビー活動や広報活動

ネットワーク名 [設立経緯]《目的》	主な活動
分野別ネットワーク	

ネットワーク名 [設立経緯]《目的》	主な活動
農業・農村開発 NGO 協議会（JANARD） [設立経緯] 7団体から立ち上げ、そこから少しずつ会員を増やしていった。設立まで4回準備会を開催し、全員の合意が得られたので設立に至った。 《目的》途上国を中心に農村社会の健全なる発展のために、農業および農村開発に必要な事業を推進する。そのために内外の NGO 同士が連携し、NGO の包括的向上を目指すことを目的とし、併せてこれら諸国との友好親善に寄与するものとする。	(1)内外 NGO 及び関係者との情報交換、効果的な活動体制構築、関係省庁との協議 (2)能力向上プログラム (3)調査研究 (4)事業企画・ﾓﾆﾀﾘﾝｸﾞ・評価 (5)人材派遣、海外研修生受入 (6)セミナー、シンポジウム (7)広報・出版、提言活動 (8)学校との協力（総合学習）
教育協力 NGO ネットワーク（JNNE） [設立経緯] 教育は貧困、環境破壊、戦争等の問題に取り組むにあたり最重要な要素の一つである。国際的にも万人の学びの保障を目指すための取り組みが行われる中で教育協力 NGO の役割は重要なものである。NGO を中心に関係機関も含めたネットワークをつくり、NGO の強化を図る必要がある。 《目的》全ての人々の学びの保障を目指し、教育協力に関わる NGO を中心としたネットワークを通じて必要な事業を推進する。	(1)情報交換 (2)調査研究 (3)能力強化プログラム (4)政策提言 (5)啓蒙・広報活動 (6)海外 NGO とのネットワーキング推進
GII/IDI に関する NGO 連絡会グループ（GII/IDI） [設立経緯] 1994年2月に日本政府が打ち出した GII に向けて、NGO が有機的に取り組むため、1994年12月に GII に関する NGO グループが、外務省関係担当官らと定期的な情報交換を開始。2000年7月の九州・沖縄サミットでは GII に続く「沖縄感染症対策イニシアティブ（IDI）」を打ち出し、GII は 2001年3月をもって実施期間終了。2001年より新しい枠組みで活動開始。 《目的》地球規模問題イニシアティブ(GII) および沖縄感染症対策イニシアティブ（IDI）に関する外務省 /NGO 懇談会をより効果的なものにする。	(1)隔月の GII/IDI に関する外務省 /NGO 懇談会参加。 (2)NGO の日米合同プロジェクト形成ミッション参団。 (3)NGO の政府代表団の一員として国際会議出席。 (4)政府・NGO の連携による開発援助と GII に関する地方セミナー開催。 (5)NGO 勉強会シリーズ(2001年度は年間 20 回）開催。

ネットワーク名 　　[設立経緯]《目的》	主な活動
ジャパン・プラットフォーム [設立経緯] 1999年コソボ危機の際の「キャンプ・ジャパン」の教訓から、NGO、経済界、政府（外務省）が対等なパートナーシップの下、三者一体となり、それぞれの特性・資源を活かし、緊急援助のより迅速かつ効果的な実施という一つの目的に向かって連携・協力していくための新しい枠組みとして設立。ODA資金による基金設置や、民間寄付の募集を通じ、財政的基盤の弱い日本のNGOを資金的にサポートも目指す。 《目的》NGO、経済界、政府（外務省）、メディア等のアクターが対等なパートナーシップの下、それぞれの専門性、資源を活かし連携、協力して、自然災害や難民の発生時、緊急援助活動を迅速にかつ効果的に実施するためのシステム構築を目的としている。また、ジャパン・プラットフォームは、被災者のニーズに的確に対応し、効果的な緊急援助を実施することを通じて、日本のシビルソサエティーが、平和で安全な国際社会作りに貢献する事を目的としている。	(1)国際緊急援助実施のための資金調達 (2)参加アクター（NGO、政府、経済界、メディア等）間の調整 (3)国際緊急援助実施のためのプラン作り (4)国際緊急援助についての社会的関心、理解の喚起、提言活動 (5)国際緊急援助についての情報公開、アカウンタビリティー履行

4. ODA と NGO/NPO の連携

　現在、政府による公的資金である政府開発援助（ODA）は、外務省を主導官庁とする国際機関：独立行政法人 国際協力機構（JICA）が一元的に実施している。したがって、本章の「ODA と NGO/NPO」では、前述のJICA が NGO/NPO とどのように連携しているのかを解説する。

　JICA 事業における NGO との連携は、途上国で活動する NGO の現地の住民の支援に軸足を置いた草の根レベルのきめ細やかな協力が一定の評価を受け始めた 1990 年代後半に始まった。

　　1997 年度　「開発福祉支援事業」

　　1998 年度　「開発パートナー事業」

　　2000 年度　「小規模開発パートナー事業」

が開始し、事業実施段階における連携と案件実施の拡大への支援が始まった。

　一方、NGO と JICA の相互理解を促進する観点からは、

　　1998 年度　「NGO-JICA 相互研修」

を開講し、職員（スタッフ）相互の意見交換や交流の場が生まれ、

　　1998 年　「NGO・JICA 協議会」

が発足し、ネットワーク NGO と JICA の間で定期的な会合が開催されるようになった。

　また、NGO スタッフの人材育成面では、JICA で途上国に派遣される専門家のための「技術協力専門家養成研修」（専門家候補者に対する養成研修）や「専門家派遣前集合研修」（専門家派遣が決まった者に対する語学研修）に NGO のスタッフを受講者として受け入れた。

　　2000 年度　「NGO 人材育成総合プログラム」

が始まり、NGO スタッフのための国内長期研修制度や国内／海外研修等に加え NGO のキャパシティ・ビルディングの促進を目的に現地調査手法などのセミナーも JICA 国際総合研修所で実施されている。さらに、

　　2002 年度から始まった「草の根技術協力事業」
では、従来は官主導であった技術協力分野にも NGO の参入が可能になった。この他、「プロポーザル技術協力プロジェクト・タイプ B」が新設され欧米の NGO のように開発コンサルタントとして事業形成に関わることもできるようになった。

　このように現在では、政府開発援助（ODA）で実施される事業に関しては、大規模インフラ整備などの事業を除き、案件の形成、実施、評価のすべての段階に NGO が参入できるようになっている。

5. 新しいネットワークの形

　「3.　日本の NGO の現状とその問題点」の終わりでも述べたが、現在の日本の国際協力 NGO はネットワークの時代に入ったと言える。
　「ネットワーク」とは、

　　　ある共通の目的のもとに複数の組織が、人的・物的資源、情報等の能力の一部ないし全てを共有することによって、相互協力関係に入り、政治、経済、社会制度・政策に対して協働で働きかけを行う主体のまとまりである。（JANIC　平成 14 年　外務省への提案書）

と定義されている。
　JANIC が NGO のネットワーキングの重要性について政府や自治体に提

言した平成14年の時点では、国内のネットワークは、全国活動型・地域拠点型・対象国別・分野別・課題別など約30のネットワークが存在している。

5-1. NGO・政府・財界協働ネットワーク

ジャパン・プラットフォーム（JPF）

1999年のコソボ難民の支援においては、緊急を要する難民支援に対応するために日本のNGO 4団体が合同で「キャンプ・ジャパン」の設立を計画した。事態の収束によって、この計画は実現しなかったが、危機発生直後の早い時期からNGOが現地入りし、ニーズ調査及びキャンプ設営準備を終了し、具体的で精緻なプランを迅速に作成することができた。

政府機関に比べて外交的・政治的制約の少ない民間団体であるNGOだからこそ、危機発生後すぐに現地入りすることができた。また、複数のNGO及び政府が協力することによりお互いの弱点をカバーすることも可能となった。その過程で国際的に通用する支援活動をおこなうには、NGOと政府間の協力だけでなく、経済界、メディア、学識経験者等の他のアクターとの協力が不可欠であることが判明した。

この教訓から、NGO、経済界、政府（外務省）が対等なパートナーシップの下、三者一体となり、それぞれの特性・資源を活かし、緊急援助のより迅速かつ効果的な実施という一つの目的に向かって連携・協力していくための新しい枠組が「ジャパン・プラットフォーム」として考案された。

2000年8月に設立されたジャパン・プラットフォーム（JPF）では、難民の大量発生や大規模な自然災害に備えて、NGO・民間企業等の各アクターのノウハウ・資源を活かして、緊急支援のプランづくりや、緊急援助物資の備蓄といったスタンバイ機能の整備を実施した。また、外務省ODA資金による基金の設置や、民間寄付の募集を通じて、財政的な基盤の弱い日本のNGOを資金的にサポートすることも目指している。

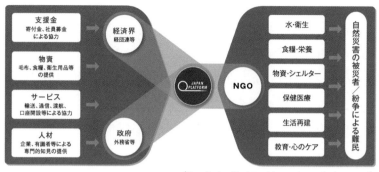

（ホームページ　http://www.japanplatform.org/）

［図 2-1］　国際協力 NGO ジャパン・プラットホームの活動内容

5-2. なんとかしなきゃプロジェクト

　前述のネットワークの定義から言えば、これから解説する「なんとかし
なきゃプロジェクト」も新しいネットワークの形と言える。

　NGO 活動を実施したり継続したりする上で一つの課題として取り上げら
れるのは、広報のやり方である。特定の地域や特定の分野で発展途上国を
支援することは、非常に意義も有り、社会的に重要な活動である。しかし、
一般の人にはなかなか受け入れ難い部分も有り、広報を実施する側は、本
当に真摯に取り組んでいるのだが、ホームページの内容が専門的すぎたり、
その対象者が一部の人に限定されていたりして、なかなかその活動に参加
する閲覧者が少ないのが現状である。

　この「なんとかしなきゃプロジェクト」（以下、「なんプロ」）は、〈国際協
力活動〉への

1.動機付け　　2.情報の共有　　3.自らの意見の発信　　4.活動への参加
の４つの段階に無理な負担なく入っていける、まさに〈国際協力〉入門ホー
ムページと言える。ホームページは、以下の３部で構成されている。

①ようこそなんプロへ！（活動の紹介・入門編）

　発展途上国で活動する人の様々な情報を写真や文章で紹介する「世界が見えるトピクス」、

　スポーツ界や芸能界など各界のサポーターが国際協力の現場を訪問し、その様子を動画や写真で配信する「なんプロサポーターの活動」、

　一般の学生が途上国の国際協力の現場をレポートする「学生レポーターの活動」、

　情報交換や意見交換の場としての「なんプロ SNS（Facebook、Twitter、YouTube）」が開設されフォロアー数は、3 万人を超えている。

②もっと知ってみよう！（知識の共有や意見交換など・中級編）

　「なんプロ SNS」、「なんプロメルマガ」（月刊ニューズレター）、「なんプロイベント」への登録と参加。

③なんとかしなきゃ！　と思ったら（活動への参加機会の提供・実践編）

　様々な NGO のホームページにリンクしており、

　・身の回りの物を贈ろう！　・募金しよう！　・フェアトレード商品を買おう！

　・SNS で発信しよう！　・ボランティアに参加しよう！　・開発途上国を見に行こう！

　と様々なレベルで NGO 活動に参加できるように紹介されている。

（ホームページ　http://nantokashinakya.jp/ より）

[図 2-2]　「なんとかしなきゃ！プロジェクト」のロゴマーク

第3章

ボランティア援助技術

　　　この章では、開発協力の実施者（ボランティア）が、現場での背景情報を知るために実施する様々な社会調査の考え方、計画立案、調査のテクニックなどを演習形式で習得できるように構成されている。

1. ボランティア活動の原則と心構え

　ボランティア援助技術を学ぶに当たって、まずは「ボランティア」という用語を定義しなければならない。

　本書では、この定義を基本的な活動理念とし、筆者の専門分野である国際協力において、国際協力 NGO の活動や JICA ボランティアの活動などへの学生諸君の参加を想定して、ボランティアとしての心構え、考え方をはじめ、具体的な援助を始める前のプロジェクトの形成の方法（現地での調査方法）について演習を中心に実践的に習得することを目指す。

　「ボランティア」の言葉の意味は、ラテン語の「ボランタス（Voluntas）：自由意思」に由来しており、英語の名詞では「ボランティア（Volunteer）：志願兵」、動詞では「自発的に申し出る」とされている。

　「ボランティア」についての明確な定義は難しいが、厚生労働省では「<u>自発的な意志に基づき他人や 社会に貢献する行為を指してボランティア活動とする</u>。」（下線筆者）としている。

1-1. ボランティア活動の4つの原則

　具体的な活動の原則は、以下に示す4つとされている。

①自発性・主体性　他者から強制されて行うのではなく、自ら進んで活動
　　　　　　　　　する。

②無償性・無給性　見返りとして、金品や名誉・地位を求めない。

　　　　　　　　　※近年では、参加の交通費や弁当などの支給程度であれば「無
　　　　　　　　　　償」の範囲と考えられるが、ボランティアを実施する側・依
　　　　　　　　　　頼する側によりその判断は異なる。

③先駆性・創造性　地域社会での問題の解決のために、既存の制度やサー
　　　　　　　　　ビスにとらわれない創造的な活動を行う。

④社会性・公益性　住民参加により地域社会をより良くして行こうとする
　　　　　　　　　活動の実施。

　実際のボランティア活動では、概ねこの4原則に従って活動は実施され
ているが、活動の際にボランティアが留意しなければならない具体的なポ
イントを以下に示す。

1-2. ボランティア活動に参加する時の留意点

①あいさつが基本　気持ちの良いあいさつは人と接するなかでの基本とな
　　　　　　　　　る。

　　　　　　　　　気持ちのよいあいさつ・自己紹介は相手に対して好印
　　　　　　　　　象と信頼感を与える。

②身近なことから　自分たちの身のまわりを見直して、気がついたところ
　　　　　　　　　から始めよう。

　　　　　　　　　まずはできるところから。

③相手の気持ちになって　ボランティア活動は、ひとりよがりや押しつけ
　　　　　　　　　であってはならない。

　　　　　　　　　常に相手の立場に立って活動しよう。

④約束や秘密は必ず守る　ボランティアで知りえた相手のプライバシーは
　　　　　　　　　　　　守る。

　　　　　　　　　　ボランティアであっても相手との約束は必ず守ること。

⑤自分を成長させる　ボランティア自身が持っている知識や技能を社会に
　　　　　　　　　　役立てるために、研修や学習会に積極的に参加しよう。

　　　　　　　　　　自分自身を高める努力も必要。

⑥無理をせず継続を　頑張りすぎて無理をしても長続きはしない。自分の
　　　　　　　　　　生活のリズムを考えて計画を立て、無理な時は、はっ
　　　　　　　　　　きり断ることも必要である。

　　　　　　　　　　勉強や仕事・家庭を犠牲にしての活動では長続きしない。

⑦周囲の理解を得る　ボランティア活動は身近な人の協力や理解が必要と
　　　　　　　　　　なる。

　　　　　　　　　　家庭、学校、友人などに「活動参加への趣旨」を説明し、
　　　　　　　　　　理解を得よう。

⑧安全対策に充分配慮を　万が一の事故等に備えよう。自身のことだけで
　　　　　　　　　　はなく、相手のことも考えて。

　これらの留意点は、次の2つのグループに分かれる。

　1つ目は、援助活動を実施する上での常識であり、上記③受益者ファース
トの考え方（相手の要望を聞くこと）、④相手への守秘義務、⑧活動へのリス
クマネージメントなど、活動を実施する上で常に留意しておく必要がある。

　2つ目は、援助活動を実施する上での個人的な努力目標で、①コミュニケー
ション能力（活動の簡単な紹介や言語能力）の向上や、②自分にできる活動の
実施、⑤自己の成長の促進、⑥活動の継続性、⑦周囲への活動の紹介・啓
蒙など、活動者個人が活動の事前、実施中、事後と絶えず自己研鑽する必
要がある。

2. 国際協力 NGO と JICA 海外協力隊

　ここまでは、一般的なボランティアの原則やボランティアの心構えを述べてきた。ここからは、実際に発展途上国で活動を実施している国際協力NGO や JICA 海外協力隊がどのように活動を実施しているかを見てみよう。

2-1. 国際協力 NGO

　国際協力 NGO については、9,585 団体（日本における、公的機関の認定団体であるNPO 法人の数：2016 年 9 月、内閣府による）が存在し、教育、保健医療、環境、飢餓、産業支援分野などで活躍している。

　近年では、組織間での情報共有や人材育成面で専門分野別、支援地域別などのネットワークの構築が進展しており、ネットワーク主催のセミナーや能力強化ワークショップなどが実施され、多くの NGO/NPO 団体が参加している。（詳しくは第 2 章を参照）

2-2. JICA 海外協力隊

　JICA 海外協力隊は、1965 年に発足し、「日本青年海外協力隊」（初代隊員5 名：ラオス）が派遣された。1985 年には、「海外開発青年」（現：日系社会青年海外協力隊）事業が始まり、1990 年には、40 〜 69 歳までのシニア世代のボランティア派遣が開始された。これまでに世界 98 か国に約 5 万人以上の隊員が派遣されている。（『持続する情熱　青年海外協力隊 50 年の軌跡』2015 年11 月初版より。加筆修正）

　このように発足からの 25 年間は、派遣対象者が 20 〜 39 歳までの青年層であったが、1990 年以降は、退職後の人生をボランティア活動に貢献したいシニア世代へとその対象者を拡大している。

　以下に、派遣の概要を派遣前、派遣中、帰国後について解説する。

派遣前——JICA 海外協力隊の現地情報の共有や能力強化（現地で使用する言語能力の習得等）については、すべての隊員候補生に、派遣前の事前訓練の受講が 70 日間に渉って義務付けられており、派遣国に関する情報の共有（授業やワークショップ）や 245 時間の語学訓練が少人数制のクラスで実施される。この語学訓練は、派遣される国の公用語の習得を目的としており、派遣国への着任前には、日常会話や技術移転が可能なレベルの語学力の習得を目指す。

　また、技術面での支援としては、実務などの経験が少ない新卒者などを対象とした「技術補完研修」（期間は個人・分野によって異なる）と呼ばれる、技術補完のための研修も用意されている。

　現地派遣中——派遣国には現地調整員（JICA 職員を含む、業務調整担当者）と健康管理員が派遣されており、隊員の現地での業務及び生活を支援している。

　また、技術面の支援としては、日本国内に JICA 海外協力隊技術顧問・技術専門委員（各分野の有識者）を委嘱し、隊員の希望に応じて質疑応答（e- メールベース）による技術支援を行っている。また、現地では、現地やその近隣国で開催される技術セミナーやワークショップへの参加も可能となっている。

　さらに、政府系のボランティアであるため公用旅券が交付され公務として渡航する。派遣される国と日本政府の間では、協力協定が締結され、派遣国での出入国（長期滞在者用の査証の発券など）や携行機材や後送機材の免税などの便宜が供与されている。

　リスクマネジメントに関しては、治安面では、現地人の安全対策クラーク（概ね警察関係者の OB が多い）の在外事務所への雇用などで現地の治安当局からの情報提供や便宜供与を確保している。医療については、現地の優良医療機関との契約や日本からの健康管理員の派遣による健康管理や緊急

時の医療サービスの利用も確保されており、傷病に応じ、日本への一時帰国・緊急搬送も実施される。

　帰国後——JICA 海外協力隊は、派遣国の活動だけでなく、帰国後も協力隊の経験を活かした進路開拓、キャリア形成、社会還元への取り組みが期待されている。JICA では、帰国隊員を対象とした研修やセミナーを実施し、進路開拓への支援を行っている。

　また、地域の教育機関や自治体から要請を受け、国際理解教育の啓蒙普及の一助として JICA 海外協力隊経験者を講師　として紹介する「出前講座」を運営している。他にも都道府県、派遣国、職種毎の OB/OG 会が存在し、帰国報告会などの様々なイベントにて協力隊での経験を活かしながら地域における国際交流や国際理解の促進に資する活動を行っている。

　このように、国際協力 NGO（NGO や NPO などの民間団体）と政府系のボランティアとでは、その支援体制は大きく異なっている。

　一般的に NGO の活動では、医療支援などの一部の活動分野を除き、参加者の専門性よりも活動への参加意欲、参加者自身のやる気が最も重要となる。一方、JICA 海外協力隊では、参加する個人個人が「職種」と呼ばれる専門分野の技術を持ち、分野によっては国家資格の保有などの条件が課されている。したがって、外務省のホームページでは ODA の中での「途上国の人材育成に資する技術協力」（下線筆者）に位置付けられている。

　現在では、国際協力 NGO と ODA をつなぐ事業として、日本の NGO・大学・地方自治体及び公益法人の団体等がこれまでに培ってきた経験や技術を活かして企画した途上国での協力活動を JICA が資金や機材面を支援して実施する「草の根技術協力事業」（政府開発援助予算から 1 千万円から 1 億円規模のプロジェクト方式技術協力の支援事業）が行われている。

3. 演習（途上国での開発プロジェクトの計画・立案）

ここから「グループワーク」、参加型の「ロールプレイ」での演習となる。演習は大きく 3 部で構成される。［表 3-1］

□**前提条件**　演習の参加者が事例中の人物達（調査団員《援助側》や村人〈被援助側〉）になりきって演習を行う。参加者は、《援助側》国際協力 NGO や政府系のボランティアのメンバーと〈被援助側〉発展途上国の村人達であり、活動現場は、発展途上国の農山漁村である。

■**演習の狙い**　現場での国際協力活動を疑似体験し、地域の課題の抽出やその課題の解決策をグループワークで議論しながら策定して行く。

[表 3-1]　演習の概要

種類	内容	狙い	時間配分
3-1. インタビュー調査	*事例の読み込み 〈村人〉援助への期待 《調査団》課題抽出	《援助》・〈被援助〉側の双方を疑似体験し、その立場を知る。	450 分 （× 2）
3-2. プロジェクト形成	*《調査団》による課題決定 ・抽出課題の解決策＝プロジェクト策定 ・プロジェクト形成の流れを習得 ・インプット考慮	プロジェクトの提案を決定する。	450 分
3.3 プレゼンテーション	①構成＝提案の具体化	プロジェクト形成の過程を視覚的にまとめる。	360 分
	②発表＝自分達のプロジェクト案を他のグループに提案	提案を短時間で他者にアピールする。	180 分

現状の把握

調査団にとって、現地調査で重要となるのは、活動地域の実際の状況を知る（現状の把握）ことである。現地での活動に関わってくる言語、宗教、民族、慣習、文化などの一般的なことから、快適な住居が有るのか？　飲み水は常時確保できるのか？　電気の有無や外部との通信状況、医療機関や教育機関の有無、現地までの交通状況、衛生状態や感染症の有無、など生活面でも様々な検討項目が出てくる。

ある程度の事前情報は、現地で活動を実施する団体の事務局や現地の在外公館やJICA事務所などからの収集は可能である。しかし、一般的に途上国、特に首都から離れた農山漁村では、入手できる情報が少なかったり、古い物だったりすることが多い。活動予定地の特有の情報や対象地域住民の抱えている課題や開発へのニーズをはっきりと知るためには、現地での実地調査が必要となる。

村人への調査の説明と合意形成（臨時集会）　　　　村人への個別のインタビュー

JICA中米カリブ生活改善研修でのひとコマ（パナマ共和国・山間部　2010年）

3-1. インタビュー調査演習

　ここからは、［表3-2］に解説される手順に従って、事例やロールプレイでのインタビュー調査の結果などから収集した情報をグループごとに整理・検討し、途上国でのプロジェクトの形成を疑似体験する。

「インタビュー調査」要点

　この時、次頁以降に説明される様々なシート類の作成を通じて、プロジェクトを形成する情報やアイディアを整理・検討する。

　この演習では、発展途上国の開発現場の事例を用いて、《援助側＝調査団：Researchers》と〈被援助側＝村人：Village people〉に別れ、《援助側》は、村人の開発への課題やニーズを発掘し、プロジェクトの方向性を策定する（プロジェクトの形成）ためにインタビュー調査を実施する。〈被援助側〉は、《援

助側》（ドナー：先進国の援助機関や国際協力 NGO など）から多くの支援を引き出すべくそのインタビューを受ける。

　ここでは、Interviewers《援助側＝調査団》は、開発プロジェクトを計画・立案・実施する立場であり、Interviewees〈被援助側＝村人〉は、開発プロジェクトを援助として受け入れる立場である。

　この演習の留意点は、すべてのグループが《調査団》としてインタビュー調査を経験することであり、インタビューの結果から次の「3-2. プロジェクト形成演習」でのプロジェクト・アイディアが考案される。

　インタビューの結果をまとめる段階で、インタビューの内容が不十分と思われるグループは、⑴インタビューしたグループ（村）に追加インタビューを実施したり、⑵不十分と思われる部分をグループ内で議論し、回答を想定し、プロジェクトの形成演習に十分備えること。

表3-2　インタビュー調査演習の流れ

〈**V**＝村人〉
〈**R**＝調査団〉

手順	No.	演習の趣旨	演習内容	時間	使用シート [掲載ページ]
準備	1	グループ形成とルール確認	グループは男女混合、1 班最大 7 名、班数は必ず偶数。グループワークの留意点説明。	60 分	――
インタビュー調査	2	「事例」理解	〈**V**〉《**R**》それぞれで「演習事例」を読み込み、グループ内で事例内容を共有。	90 分	**V1**：演習事例 [114] **R1**：演習事例 [118]
	3	役割分担（ロールプレイ）	〈**V**〉《**R**》それぞれで「役割分担表」（演習終了まで変更しない）作成、役割になりきる。	60 分	**V2**：役割分担表 [115] **R2**：役割分担表 [119]
	4	状況確認	〈**V**〉は事例にない詳細な状況などをグループ内で話し合い設定する。《**R**》は事例から状況を確認し、その開発ニーズを質問項目に落としこむ。	150 分	**V3**：状況確認シート [116] **R3**：状況確認シート [120]
	5	インタビュー準備	《**R**》はグループ全体と自身の専門に応じた質問内容を考える。	(No. 5・7) 150 分	**R4**：インタビュー・メモ [122]
	6	インタビュー実施	《**R**》が〈**V**〉にインタビューを実施する。	90 分	――
	7	まとめ	《**R**》はインタビュー結果を **R4**：インタビュー・メモに記入、さらに（**Pj**）「プロジェクト・アイディア」を準備する。	(No. 5・7) 150 分	**Pj**：プロジェクト形成シート [126]
交替	8	No. 3～7 の手順を〈**V**〉《**R**》の役割を入れ替えて実施する。		450 分	――

VI 〈村人用〉 演習事例

───── 背景情報の決定 ─────

【与えられた条件】

1. 発展途上国の村、規模は、大人300人（男女の人口は、ほぼ同じ）、子ども300人。

2. 電気、水道、ガスなどは来ておらず、水は村の中にある井戸が2か所。常駐する医者や教師はいない。炊飯は、薪を拾って燃料としている。薪拾いは子どもの仕事であり、水汲みは女性の仕事となっている。

3. この地域は、農山漁村であり、インターネットなどが使用可能な町まで自動車で2時間近くかかる。

4. ほとんどの人が自給自足的な生活を送っている。コメが豊作の年があったり、魚が豊漁の時があったりするが、町（郡の主要都市）から離れ自動車を持つ住民もいないので、村から売りに行くこともできない。

5. 生活に必要な物は、定期的に行商人が村に運んでくるが、現金をほとんど持たない人たちなので、ほとんどが物々交換であり、高価なもの（機械類）は、買えないのが現状である。

6. 村長が村では唯一オートバイを持ち、郡との連絡や病人が出たときなどの緊急時には、村人を町まで乗せて行くことで対応している。（公共交通機関は、まだ無い。）

7. 村長は、村のためと言いつつも、自分が豊かになるような施策を考えている。

8. 村人の要望として医療従事者の定期的な巡回指導や診療所の開設を望む声がある。

9. 村の女性の要望として村での安全な出産を望む声がある。

10. 村人の要望として「字が読めるようになりたい。」という声もある。

11. 村の母親の要望として「子どもを学校に行かせたい。」という声もある。

    （村には学校がなく、町から教員が週に1回村の集会場で子ども達に読み書きや簡単な計算を教えている。）

【村の詳細情報】　※調査者には漏らさないように村人の間では暗黙の了解がある。

a. 村人の何人か（比較的裕福な者）は、行商人に様々なものを頼んで町から持ってきてもらっている。

b. また、ある村人は土蔵に穀物を貯蔵し一定量の農作物を行商人に販売している。

c. 漁業者の間では、干物や塩漬を作れる者（村長とは異なる家族出身、村内では有力者で裕福）もいるが、その方法は他人に教えず家族で独占している。

d. 村長は裕福であり、村人が困った時にお金を貸してくれる。村人の多くは、村長に頭が上がらない。村での会合でも村長の意見が通ることが多い。

e. 村長は、村が開発されることを恐れている。「みんなが豊かになったら、私の存在価値がなくなるのでは？」という思いを抱いている。

■ 演習の留意点 ■

村人は個人の役割（村長、有力者、村長派の村人、有力者派の村人、女性の起業家など）を決め、自分の生活が今より裕福になるような要求を外部者にする。

V2	〈村人用〉

役割分担表

No.	学生番号	氏名	役割	備考
1				
2				
3				
4				
5				
6				
7				
（記入例）				
村人1	1815421	日大 太郎	村長	稲作の面積が村人の平均の3倍持つ。裕福、保守的。
村人2	1816224	国際 花子	有力者	船外機を2機所有。鮮魚や加工品を町で販売し、裕福、村長の対抗勢力。
村人3	1715004	三島 良子	女性起業家	保健衛生の改善、児童教育の推進派。村の産物を町で販売したい。人脈は多岐にわたる。

V3 〈村人用〉
状況確認シート

年　月　日（　/　）

グループ名：

村名：

	地域的な特徴	個別の状況	特記事項	援　助	課　題
主要項目					
詳細な状況					
具体的な要望					
優先順位					

〈村人用〉

V3 状況確認シート　　（使い方）

このシートは、村人の間で必要な共通認識をグループ内で共有するためのものである。

基本的に調査者には見せてはいけない。

あくまでも、村人の間での村に関する共通の認識であり、調査者のインタビューに対して村人全員が共通して回答できるようにすること。

（記入例）

	地域的な特徴	個別の状況	特記事項	援　助	課　題
主要項目	・産業は、農業と漁業 ・地形的な特徴や問題点についても聞き出す。	・農業：自給目的 ・漁業：手漕ぎボートによる沿岸漁。自給と干物など加工品。 ・派閥に分かれている？ ・水源は、井戸が2か所。	・学校、診療所は無い。 ・村内は物々交換。	・これまでに外部からの援助の経験はない。	
詳細な状況	・農業は、主食の米と野菜類。 ・漁業は、自家消費と加工品。 ・町に遠く、道路は未舗装。	・各戸とも農地面積は、1ha未満。 ・漁業のボートは、手漕ぎ、3人乗。 ・排水が混入し下痢などの感染症。	・町から隔週で教員が派遣。 ・病人は、村長が町まで搬送する。	・町に海外NGO事務所があり、村長や有力者は、支援があることを知っている。	
具体的な要望	・灌漑施設 ・舗装道路とバスの定期便	・船外機導入と雨天に使える加工場。 ・町での販売場（組合結成も含む） ・井戸の整備	・常設の学校 ・常設の診療所	・できる限り支援を受けたい。	
優先順位					

R1 《調査者用》
演習事例

─── 背景情報の決定 ───

【与えられた条件】

1. 発展途上国の村、規模は、大人 300 人（男女の人口は、ほぼ同じ）、子ども 300 人。
2. 電気、水道、ガスなどは来ておらず、水は村の中にある井戸が 2 か所。常駐する医者や教師はいない。炊飯は、薪を拾って燃料としている。薪拾いは子どもの仕事であり、水汲みは女性の仕事となっている。
3. この地域は、農山漁村であり、インターネットなどが使用可能な町まで自動車で 2 時間近くかかる。
4. ほとんどの人が自給自足的な生活を送っている。コメが豊作の年があったり、魚が豊漁の時があったりするが、町（郡の主要都市）から離れ自動車を持つ住民もいないので、村から売りに行くこともできない。
5. 生活に必要な物は、定期的に行商人が村に運んでくるが、現金をほとんど持たない人たちなので、ほとんどが物々交換であり、高価なもの（機械類）は、買えないのが現状である。
6. 村長が村では唯一オートバイを持ち、郡との連絡や病人が出たときなどの緊急時には、村人を町まで乗せて行くことで対応している。（公共交通機関は、まだ無い。）
7. 村人の要望として医療従事者の定期的な巡回指導や診療所の開設を望む声がある。
8. 村の女性の要望として村での安全な出産を望む声がある。
9. 村人の要望として「字が読めるようになりたい。」という声もある。
10. 村の母親の要望として「子どもを学校に行かせたい。」という声もある。
（村には学校がなく、町から教員が週に 1 回村の集会場で子ども達に指導している。）

※あなたたちは、この村にやって来た日本の NGO のメンバーです。

a. NGO の目的は、「村人の生計向上」である。ともかく貧困を脱しないと生活や子どもの教育を考える余裕も出てこない、という考え方で活動を行っている。
b. メンバーは、6 人それぞれ開発の専門分野を持っている。
[参考例]　団長（民俗学）、団員 1（農業）、団員 2（漁業）、団員 3（住民組織化）などが考えられる。
c. 村への滞在は 1 年間。一人当たりの開発の予算は 10 万円（約 1,000US$/ 年）程度。この他、生活費などは別途支給されている。
d. 自分たち以外の専門分野の短期専門家を 1 年間で 3 名（各人の滞在期間は 2 か月程度）を本部の予算で呼ぶことができる。

■ 演習の留意点 ■
インタビュー調査（SSI）によって村人からニーズを聞き出すために、インタビュー・メモを用いて調査の内容を検討してください。

R2 《調査者用》
役割分担表

グループ名：
村名：

No.	学生番号	氏名	役割	備考
1				
2				
3				
4				
5				
6				
7				
（記入例）				
調査者1	1815111	伊豆 元気	調査団長、村落開発の専門家	農業生産性、野菜栽培の専門知識を持つ。調査団の総括。
調査者2	1816224	長泉 宏	調査団員、漁具・漁法の専門家	漁具・漁法の専門知識を持つ。加工法にも詳しい。
調査者3	1816288	広小路 恵	調査団員、マーケティング・会計学の専門家	マーケティングや組織の会計の専門知識を持つ。

R3 《調査者用》
状況確認シート

	地域的な特徴	個別の状況	特記事項	援　助
主要項目				
詳細な状況				
聞きたいこと・質問したいこと				

使い方

状況確認シート

調査者は、事例から村の特徴や村が抱える課題を抽出し箇条書きにする。開発に対する村の要望を考察する。
まず事例から村の状況をグループで抽出（この「**状況確認シート**」を利用）する。その後、援助の内容や援助にかかる費用を勘案し、グループの援助に対する「**優先順位**」を仮決めし、この順位から、次に「*R4*：インタビュー・メモ」を作成する。
このシートでは、「質問の内容や狙い」を明らかにすると同時に、援助に対する留意点と援助実施の有無を決定し、その理由を記入する。

（記入例）

	地域的な特徴	個別の状況	特記事項	援　助
主要項目	・産業は、農業と漁業 ・地形的な特徴や問題点についても聞き出す。	・農業：自給目的 ・漁業：手漕ぎボートによる沿岸漁。自給と干物など加工品。 ・水源は、井戸が2か所。	・学校、診療所は無い。 ・村内は物々交換。	・これまでに外部からの援助の経験はない。
詳細な状況	・農業は、主食の米と野菜類。 ・漁業は、自家消費と加工品。 ・町に遠く、道路は未舗装。	・各戸とも農地面積は、1ha未満。 ・漁業のボートは、手漕ぎ、3人乗。（船外機の取り付けは可能。） ・排水が混入し下痢などの感染症。	・町から隔週で教員が派遣。 ・病人は、村長が町まで搬送する。	・町に海外NGO事務所があり、村長や有力者は、支援があることを知っている。
具体的な要望	・何らかの灌漑施設は導入はあるのか。 ・舗装道路の状況や公共交通の有無。	・船外機導入の導入状況。 ・雨天に使える干物の加工場の有無。 ・町での販売はどのように行われているか。 ・生産者・漁業組合の有無。 ・井戸の整備状況（誰が整備するのか）。	・学校常設のニーズはあるのか。 ・診療所常設の可能性は。	・行政の支援はあったのか。 ・NGOなどの外部からの支援はあったのか。

《調査者用》
インタビュー・メモ

年　月　日

グループ名：

【質問者】＿＿＿＿＿＿＿＿＿＿＿　分野専門家

［回答者］＿＿＿＿＿＿＿＿＿＿＿（村での役割）

No.	質問内容	質問の狙い	村人の回答	質問からの気づき・アイディア

《調査者用》

R4

インタビュー・メモ　　使い方

1. 調査者は、まずは村の概要（人口、宗教など）について、事例から判明したことを「**R3. 状況確認シート**」に記入する。これらをグループ内で共有し、さらに必要な質問事項をこの「**インタビュー・メモ**」に記入し、インタビューの質問項目を考える。
2. 調査者は、グループ全体での基本的な質問内容と各人が自分の専門分野に応じた質問内容を考える。
   村でのインタビュー調査の目的は、インタビューから、①「村人や地域の抱える課題・問題」をあぶりだし、②「支援団体としての村での活動」を提案することにあるので、調査者は各人、自らの専門分野に関連した「**質問内容**」を考える。
3. 質問内容については、グループ全体での質問と分野での質問を実施し、インタビュー後に村人の回答を集計し、グループ全体でシェアする。

（記入例）

【質問者】　　　社会調査　　　分野専門家

［回答者］　　村の有力農家　　（村での役割）

No.	質問内容	質問の狙い	村人の回答	質問からの気づき・アイディア
1	現在の**生業**を教えてください。	村人の家計が何に依存しているのか？（稲作か漁業か、それとも別の財源があるのか？）⇒どの分野で生計の向上が可能なのか？	・農業は、主食の米と野菜類の栽培。 ・稲作がメインで自家消費量を上回った分を販売している。野菜は、自家消費用。	・魚の養殖や養豚に興味を持っている。
1-1	できれば、**収入の種類や比率**を教えてください。	1の質問からさらに踏み込んだ内容。相手の反応を見て、具体的な数値を聞ければ聞く。	・主な収入は、コメの販売。 ・田んぼの面積は、約1.5ha（村人の平均は約1ha）。 ・他に自家消費用の野菜類を栽培し、近隣の希望者に販売。	・「灌漑施設があれば、コメの栽培面積が増やせる。」とのコメントあり。
2	村に**必要な公共施設**はありますか？	村に必要なものを聞きたい。この質問の後に個人のニーズについても聞き出す。	・灌漑施設があれば、多くの村人が豊かになる。 ・子どもの将来を考えると村に学校が欲しい。	・栽培組合の血清か？ ・県の教育機関に打診してみる。
	....	....	....	....

3-2. プロジェクト形成演習

プロジェクト形成の流れ
①プロジェクト実施案の作成

　《援助側＝調査団》は「3-1. インタビュー調査」の結果から、〈被援助側＝村人〉の課題を抽出し、その課題解決に向けて開発プロジェクトの実施案を作成する。

プロジェクトの制約条件
（予算・実施期間・投入について）

1. 予算

　　グループメンバーの［人数×100万円］が各グループに与えられた年間予算となる。

　　5人グループの場合、5(人)×100万円(/年)＝500万円（/年）

　　この予算には、メンバーの人件費、現地に行くための旅費や滞在費は含まれず、純粋にプロジェクトに使える経費となる。

2. 実施期間

　　政府開発援助のプロジェクト方式技術協力（一般的なODAプロジェクト）に準じて、3年間と設定する。

3. 投入（人・物・金）

　　人（短期専門家）

　　　　各年にプロジェクトの外部から専門技能を持った人材を1年間に3名まで派遣できる。この場合、3名の滞在期間の合計が6か月以内となれば良いとする。

　　物（携行機材）

　　　　短期専門家が現地に派遣時に同時携行できる機材のこと。1専門家当たり30万円までの機材で専門家の専門分野に関連する小型機材に限られる。

　　金（供与機材）

　　　　プロジェクトで申請できる大型機材や建築物に係る別予算。1件の上限は、1000万円までとする。ただし、この予算は、初年度に申請してもプロジェクトで使えるのは2年目以降となる。

ここでは、自分達が村人へ提供できる技術的な限界（現在、日本で一般的に使われている技術）を明確にし、左に示された「プロジェクトの制約条件」を十分考慮したプロジェクトの形成を心掛ける。

②プロジェクト形成シートの作成
　この時、調査団は、各自の（役割上の）専門分野から村の状況を分析し、団内で相互の気付きを共有するために「Pj：プロジェクト形成シート」を作成する。この状況確認シートから、個々の課題の解決案〈プロジェクト・アイディア〉を考案する。このアイディアがプロジェクトの具体的な活動となる。

プロジェクトの目標
　プロジェクト実施の目標は、プロジェクトの終了時には、村人の生活レベルが現在よりも向上していることにある（生計の向上）。また、プロジェクトの具体的な活動の実施によって、村人の公益性が増加したり、村の生活環境が改善・維持されたり、プロジェクトの活動が村人のジェンダーの平等に寄与したり、と村の自立発展を将来的に促す効果も期待されている。
　ここでは、調査団は村人たちへのインタビューの結果からプロジェクトを提案して行く。

農民が描いた集落の地図

ランキング

マッピング

Pj プロジェクト
形成シート

No.	村の課題、村人の抱える問題	課題・問題が解決した状態〈プロジェクト・アイディア〉	アイディアの実現に必要なもの（手段、方法、制度、システムなど）	技術面やコスト面での実現可能性

（記入例）

No.	村の課題、村人の抱える問題	課題・問題が解決した状態〈プロジェクト・アイディア〉	アイディアの実現に必要なもの（手段、方法、制度、システムなど）	技術面やコスト面での実現可能性	
例①	収入が低い。 ・水田の面積が小さく、収穫量も低い。 ・漁獲高が低い。	農業からの増収 ・栽培面積の増加 ・収穫量が増加する。 漁業からの増収 ・漁獲高の増加 ・加工品などの製造・販売	灌漑施設の導入 ・新しい水田の造成 ・灌漑・化学肥料・害虫の防除 船外機による遠洋漁業 ・漁具・漁法の改善 ・加工場＋運送	個人での導入は不可能 個人購入は可能だが、かなりコストは大きい	
例②	村に学校が無い。	村の学校ができる。 ・子どもが教育を受けられる。	校舎（子どもが学べる場所やスペース） ・就学児童数に応じた場所や建物 教員の配属 ・現地の教育機関から派遣された教員 ・できれば、村に住み込みできる者	村人の署名や嘆願書 ・村人の間での合意形成 ・簡単な校舎や教員宿舎の資材費や建築代	

3-3. プレゼンテーション演習

1. 国際協力活動におけるプレゼンテーションの重要性

　現在、発展途上国における国際協力活動は、その予算規模から国や援助機関が実施する ODA によるものが全体の約 50% を上回る。国際協力活動を実践する実施機関（国際協力 NGO や民間の開発コンサルタント）もさまざまな形で ODA 案件に関与してその活動を実施している。

国（援助機関）	実施機関
1　「指示書」公示	
2	「企画書」提出
3　プロジェクト選定　⇔	「プレゼンテーション」
4	〈業務実施契約〉

　一般的な ODA 案件形成の流れは、その実施内容が援助機関から「指示書」という形で web などに公開される（「公示」と言う）。その案件を実施したい実施機関は、その指示書に従って、自らの機関でどのように対応できるのか、どのような成果を生み出せるのか、といった実施案を「企画書」（プロポーザル）にまとめ、援助機関に提出する。

　次に援助機関は、提出された企画書を選定するために実施機関に「プレゼンテーション」を実施させ、適正なプロジェクトを選定する。

　援助機関は、(1)指示書の理解度、(2)企画書における専門分野や業務経歴の適正度、(3)プレゼンテーションによる事業計画の整合性、などを点数化・評価し、評価の高い実施機関と業務実施契約を結ぶ。

2. プレゼンテーションの実際

　演習の最後は「プレゼンテーション」である。

　各グループは、演習（3-1. インタビュー調査、3-2. プロジェクト形成）の成果を 20 分程度のプレゼンテーションにまとめて発表する。本演習の場

合、プレゼンテーションの目的は、「自分たちの活動や活動対象地域の課題などを外部（活動支援者、政府など）に向けて紹介し、課題改善のプロジェクトの実施を提案し、そこへの出資や支援を外部から得るため」とする。

①構成（ストーリー）の組み立て方

　プレゼンテーション資料の構成は、さまざまなパターンがあるが、本演習では次のパターンで構成する。以下におおよその例を示した。

【パワーポイントを使った構成】

タイトル	効果の見えるタイトル（グループ名を入れる）
課題	インタビューから抽出された問題の共有
解決策	具体的な解決策を提示（プロジェクトの形成）
提供メリット	村のメリットを明示（プロジェクトの期待される成果）
行動喚起	援助機関や支援者の行動を促すメッセージ

　今回、構成するプロジェクトの期間は、3年間としプロジェクトの終了までにプロジェクト目標を達成できるように活動の構成を計画すること。

②プレゼンテーション（発表）

　一般的に、良いプレゼンとは、「伝えることが、明確で分かりやすい」である。以下のポイントに留意して発表すること。

発表のポイント

1　平易な言葉を使って、大きな声で、ゆっくりと。

2　文字は少なめに、視覚的効果の高い（写真や図を利用）スライドを作るよう心掛ける。

3　具体的な話をしているか？（あいまいな表現は避ける。）

「とても大きなメリットがあります」より、

「利益が30％向上するという大きなメリットがあります」のほうが分

かりやすい。

4　スライドは20枚を上限とする。

第 4 章

地域開発

　この章では、日本の地域開発のベースになった「21世紀の国土のグランドデザイン」について、国内や国外のまちづくりやむらづくりの実例を参考資料とし、地域開発のための基礎調査の企画及び実施、調査に基づいたプロジェクトの計画立案までのプロセスを述べる。実際には、日本の国際協力（政府開発援助）で利用されている計画立案手法のプロジェクト・サイクル・マネジメント（PCM）手法やその事例について解説する。

1.「地域開発」とは

「地域開発」とは、

　1.「地域開発とは、特定の地域を対象に総合的な資源開発や工業開発、国土保全事業を行うこと。経済開発および社会開発を目的とする。」（小学館『デジタル大辞泉』より）

と定義され、この場合の地域開発は、そのほとんどが日本国内の社会経済開発のことである。また、行政が主導する第二次世界大戦後の大規模な経済開発に並行した施策（国土計画）という時代背景を持っている。

　2.「地域開発とは、国または地方公共団体等の投資により、成員の福祉の向上を目的として、計画的に諸資源の地域的配分や活用を図るこ

と。都市化の進行に基づく諸問題の整備、道路網や運河などの建設、後進地域の開発や不況地域の振興などが含まれる。

　なおコロンボプランなどの2国以上で計画されるもの、TVA（米国の国土総合開発計画）のような河川総合開発、シベリア開発のように自然改造を伴う大規模な開発もある。」（平凡社『百科事典マイペディア』より。下線は筆者）

こちらでは国内の地域開発の他にも政府開発援助（ODA）による発展途上国の開発（下線部）をも含めて定義されている。

　本書で言う地域開発（community development / rural development）とは、日本国内で実施されている「まちづくり・むらづくり」や国際社会で実施されている国際協力による「発展途上国」の開発事業をも含めた広範囲の開発も地域開発として捉えている。上記の2が本書の地域開発の定義となる。

　本書では、比較的身近な国内の地域開発については、その政策的な根拠や現状での方向性を類型化し、実際の事例について掘り下げて検討する。国際的な地域開発については、1990年代より現代までの国際的な援助動向と並行して、日本政府の実施する国際協力の実例から開発の変遷を理解することを目的に執筆されている。

2. 地域開発の変遷

2-1. 日本の地域開発

　ここでは、日本政府の地域開発政策のベースとなった「21世紀の国土のグランドデザイン」から現在の地域開発の基礎となる国土開発計画の概要を学習する。

　「21世紀の国土のグランドデザイン」とは、平成10年に策定され達成年

度を平成 22 年から平成 27 年として計画された国土計画であり、通称で、第 5 次全国総合開発計画＝**五全総**と呼ばれている。

〈五全総〉に至るまでの戦後に始まった全国レベルの開発計画の特徴とその推移を下表にまとめた。

[表 4-1]　全国総合開発計画の推移

(国土庁の関係資料から筆者作成)

名称 閣議決定（目標年次）	時代背景	基本目標／ 開発方式等	具体的な方策
① 〈全総〉 全国総合開発計画 1962 年（1970 年）	1. 経済成長の開始 2. 都市の肥大化 3. 所得格差の拡大 4. 所得倍増計画 （太平洋ベルト構想）	地域間の均衡ある発展／ 拠点開発構想	・工業の分散 ・大集積地と関連 ・交通通信施設 ・有機的な連絡
② 〈新全総〉 新全国総合開発計画 1969 年（1985 年）	1. 高度経済成長 2. 人口・産業の大都市集中 3. 情報化、国際化、技術革新の進展	豊かな環境の創造／ 大規模プロジェクト構想	・新幹線、高速道路等の整備 ・大規模プロジェクトの推進 ・過密過疎、地域格差の解消
③ 〈三全総〉 第三次 全国総合開発計画 1977 年（1987 年）	1. 安定成長経済 2. 人口・産業の地方分散の始まり 3. 国土資源、エネルギー等の有限性の顕在	人間居住の総合的環境の整備／ 定住構想	・大都市への人口集中の解消 ・大都市への産業集中の解消 ・全国土利用の均衡を図る
④ 〈四全総〉 第四次 全国総合開発計画 1987 年（2000 年）	1. 人口、諸機能の東京への一極集中 2. 産業構造の変化から雇用問題 3. 本格的国際化	多極分散型国土の構築／ 交流ネットワーク構想	・地域特性を生かした地域整備 ・基幹的交通、情報 ・通信体系の整備 ・多様な交流と民間との連携
⑤ 〈五全総〉 21 世紀の国土のグランドデザイン 1998 年 （2010 〜 2015 年）	1. 地球時代 2. 人口減少・高齢化時代 3. 高度情報化時代	多軸型国土構造形成の基礎づくり／ 参加と連携	・多自然居住地域の創造 ・大都市のリノベーション ・地域連携軸の展開 ・広域国際交流圏形成

第二次世界大戦後に始まった、最初の国土開発計画である①**全国総合開発計画**〈全総〉では、開発の基本目標は、「国土の均衡ある発展」すなわ　ち、全国的に均一的な開発がその目標とされたが、安定経済成長期を迎えた③〈三全総〉では、「地域の振興」すなわち、大都市集中によって引き起こされた人口や産業集中を多極分散によって解消することをその基本目標とし、④〈四全総〉では、「地域特性や多様な交流」すなわち、地域の振興に加えた地域との交流や民間との連携が加味された。さらに、⑤〈五全総〉では、「個性ある地域の発展」が基本目標となっている。

　〈全総〉、〈新全総〉の生活基盤整備を中心とした全国均一的な国土開発から、〈三全総〉、〈四全総〉、〈五全総〉は、地域の振興、特に地域特性を考慮した、多様で個性ある地域の発展を段階的に目指した国土開発へと変化している。

　現代の日本の地域開発は、このような過程を経て実施されて来た。〈五全総〉の開発方式にある「参加と連携」は、市民の参加と民間との連携を示しており、従来の行政主導の地域開発から住民が主体となり民間と連携した地域開発を目指すことによって、さまざまな活動を実施することが可能となっている。

　初期の全総は、経済成長を促すために工業地帯への労働力提供を目的とした人口集中地帯（ベッドタウン）の形成であった。

　〈五全総〉は、四全総までの国土庁主導による開発とは一線を画しており、地域による多岐多様な開発が可能となり、地域住民主体の地域開発となっている。

　その反面、開発を進める主体のアイディアや自助努力の集積、予算配置などの差異によって地域格差が生じる一因ともなっている。

2-2. 国際的な地域開発

1. アメリカの地域開発

ルーズベルト大統領のニューディール政策（世界恐慌対応策）の一環としてのTVA：テネシー川河谷開発公社（約30以上のダム建設による失業者への雇用対策。地域の発電、治水、灌漑がその目的）は、一定の効果をあげて、その後の地域開発政策の雛形となった。

その後、西海岸（特にロサンゼルス）への電力・水道供給を目的とした「コロラド川開発」やシアトル工業化のための電力・水道供給を目的とした「コロンビア川開発」などへと続いた。

2. EUの地域開発

オランダにおけるポルダー（干拓地）の造成事業やイタリア南部での高速道路建設（南北のアクセスの改善・物流の振興）と工業化と雇用促進のための製鉄所の建設（ヴァノニー計画）などがある。

3. 開発途上国での地域開発

【コロンボ計画】

1. 「1950年1月にセイロン（現スリランカ）の首都コロンボで開かれたイギリス連邦諸国の外相会議で提唱され、51年7月12日発足した「南および東南アジアの共同経済開発のための計画」。当初の参加国はイギリス連邦諸国だけで、農業、運輸、通信、電力、鉱工業に重点をおく総額18億6800万ポンドを必要とする6ヵ年計画として発足した。イギリスから独立した植民地支援の開発計画をその開催地の都市名からコロンボ計画（Colombo Plan for Cooperative Economic Development in South and South-East Asia）と呼ぶ。

   その後日本（1954）やアメリカが援助国として参加し、被援助国として東南アジア諸国が加わり、参加国数は26ヵ国となっている。この計画には技術援助と資本援助があるが、全地域に対する一元

的な総合計画があるのではなく、被援助国と援助国との2国間協定、あるいは世界銀行からの融資という援助の形態をとっている。また援助には政治的、軍事的条件をつけないたてまえで、そのためこの計画を推進する中央機関をもたず、参加国の代表による諮問委員会、技術協力審議会、およびその事務局が設けられている。」(『ブリタニカ国際大百科事典』より)

2. 「《Colombo Plan》南アジアや東南アジア地域の経済開発を推進することを目的とする経済協力機構。1950年コロンボで開かれた英連邦外相会議で提唱され、翌年発足。日本は1954年(昭和29)加盟。コロンボプラン。」(『小学館デジタル大辞泉』より)

3. 「アジア・太平洋地域諸国における経済・社会開発を推進することを目的とする経済協力機構。1950年1月セイロン(現スリランカ)のコロンボで開催されたイギリス連邦外相会議で設立が合意されたもので、同年9月のロンドン会議でイギリス連邦諸国の経済開発計画が「南および東南アジアにおける協力的経済開発のためのコロンボ計画」として一つの報告にまとめられ、以後この経済協力機構はコロンボ計画(コロンボ・プラン)とよばれるようになった。翌1951年1月活動を開始したが、当初はイギリス連邦内の経済協力機構として構想されたため、加盟国はイギリス連邦内7か国であった。その後アメリカ、日本、東南アジアの国々が加わり、2009年現在26か国が加盟している。運営機関としては最高政策決定機関の協議委員会があり、加盟各国が相互に協議協力して、二国間協定に基づいて援助が行われるのを特色とする。人的資源の開発を中心に、農業、運輸・通信、社会施設などの援助、国家開発プロジェクトに対する資金援助、穀物・肥料などの商品援助、機械・輸送機器などの資本援助、および留学生・技術研修員の受

け入れ、技術指導専門家・協力隊員の派遣、技術機材の供与など
の技術援助が実施されている。[秋山憲治]」（小学館『日本大百科全
書（ニッポニカ）』より）

4. 「コロンボ計画ともいう。1950年1月にセイロン（現、スリランカ）
で開催されたイギリス連邦外相会議により設立が決定された経済
協力機構であり、本来、イギリス連邦の枠内で域内先進国からの
資金拠出を基盤に、資金的、技術的に域内（南アジア、東南アジア）
発展途上国を援助し、その経済開発を促進しようとしたものであ
る。」（平凡社『世界大百科事典　第2版』より）

　このコロンボプランの実施に向けて、日本政府は自国の戦後復興策とし
て実施して来た農村の復興すなわち農村計画の振興を農業を主産業とする
ことが多い途上国の開発現場に応用した。
　その基本理念となった、農村計画（rural community）について解説する。

　農村計画とは、農村民が村を生活共同体であるとの自覚から生産や生活
の向上をはかることを目指して、土地や水の利用計画を立て、生産、交通、
教育文化、福利厚生などの施設建設を総合的に計画することを言う。日本
では江戸時代末期に二宮尊徳によって唱えられた。19世紀末前田正名の提
唱になる「村是設定運動」もその一つ。今日では、農村計画は国土計画、
都市計画の一部として、それに従属した形で行われるようになった。10年
にわたる長期計画として土地利用計画、健全農家育成計画、農業計画、生
活改善計画などを立てた新農村建設計画（1956）もその一環。
　国際的にはインドの灌漑事業など古くから農村計画があったが、1950年
代に入って国際連合を中心に発展途上国の農村開発計画が進められ、コミュ
ニティー・デヴェロップメント方法が擁立されてきた。

3. 日本の地方創生と地域開発

3-1. 地方創生の事例

①「一村一品運動」

　具体的な地域開発のための施策としては、「一村一品運動」が代表的な運動であり、1979年に大分県知事の平松守彦氏の提唱から始まった、生産と加工を合わせた1.5次産業の振興の代表例となった。その後、この運動は他地域にも広がり、さまざな発展を遂げたが、1991年からの国土庁の施策である「道の駅」（山口、岐阜、栃木の3か所から始まった）の設立が特産品の販売促進とつながり地域の活性化のGood practice（模範例）となり、全国に拡大した。

　「一村一品運動」で生み出された地域の特産品や農産物の販売拠点となっている「道の駅」は、2018年4月現在で全国に1145施設が展開している。

②ふるさと創生事業

　1988年から1989年にかけて実施された地方公共団体が自ら主導する地域づくりということで、創意工夫し地域の振興を図る動きが各地で試みられた。

　実際は地方交付税の形で支給され、1億円を受け取った各自治体は、観光整備などに積極的に投資し、経済の活性化を促進したが、無計画に箱物行政やモニュメントの建設・製作に費やしたりと、無駄遣いの典型と揶揄される案件も多く見られた。

③ふるさと納税

　2004年の政府与党による三位一体改革＝「1）国からの地方への補助金の削減、2）地方交付税交付金の削減、3）国から地方への税源移譲」は、地方財政を悪化させた。

次の政権の民主党・菅内閣では、2007年これらの是正を図るべく、都会生活者が、住民税の1割程度を生まれ故郷の自治体に払えるようにする「ふるさと納税」を提唱し、2008年から始まった。出身地や応援したい自治体に寄付すると、2千円を超える額が個人住民税などから控除される制度。事実上「2千円で返礼品がもらえる制度」として人気を集めている。

④地域おこし協力隊

　都市部の若者らが地方自治体の募集に応じて委嘱を受け、国から生活費などの支援を受けながら移住し、住民の生活支援や地域の活性化などに取り組む活動。総務省が2009年から開始し、2016年には隊員の累計が4000人を上回った。

3-2. 地域開発の国内事例

①群馬県　富岡市・甘楽郡〈特徴：NPO法人による地域おこし〉

　自然塾寺子屋　2003年5月発足

　　・JICA海外研修生の受入れ業務

　　・JICA青年海外協力隊補完研修受け入れ業務

　　・○農産物の生産・加工・販売

　　・○グリーンツーリズム・アグリツーリズム

　　・○農村フィールドワーカー養成講座

　　・地域・農業活性化事業

　　・甘楽富岡農村大学校（農家ネットワーク）パートナーシップ

②静岡県　伊豆の国市〈特徴：行政（市役所観光課）による地域おこし〉

　伊豆の国ふるさと博覧会　2017年度開始（2年目）

　　・57の体験プログラムを1）食と農、2）温泉・健康、3）知る、4）楽しむ　に分類し、期間中（2018年9月18日〜10月18日）は、ほとんど連日どこかで開催している。

4. 世界の地域開発

4-1. 開発途上国援助での PCM 手法とその事例

1. 国際社会（国際協力）での地域開発

　国際協力における地域開発（community development）は、一般的に先進国のODA予算によって開発途上国の地域にある様々な課題を解決するために実施される技術協力（援助）である。ここでは、最も身近な事例として日本の政府開発援助すなわち「国際協力機構（JICA）」で実施されている、技術協力プロジェクトの事例を示し、その詳細な実施の背景、体制、課題などについて分析検討する。

　まず、日本の政府開発援助による技術協力プロジェクトは、その全てがPCM手法によって計画立案、進捗のモニタリング管理が実施されている。

　「計画の立案」には、①計画の発掘、②計画の準備、③計画の形成の3つのプロセスに別れ、①の計画の発掘では、相手国の開発戦略や長期開発計画の詳細な分析から日本側の国別援助方針（外務省）や国別援助実施計画（JICA）が形成される。この場合、日本の援助方針は要請主義（すべての援助計画は、相手国の要請をその基礎として計画立案される方針）に基づいて形成され、相手国の要望から具体的な開発分野を絞り込み、その開発方針を決定する。1）開発調査、案件形成調査が実施され案件の概要が発掘され、2）長期調査、短期調査を経て案件の実施体制や実施期間が決定され、3）計画打ち合わせ（事前評価調査）に至り、相手側実施機関、日本側の実施機関や派遣される技術協力専門家の人選、供与機材の詳細などが決定され、その後二国間での合意文書が作成・署名され、国際的な約束が整い案件が開始される。

　「計画のモニタリング管理」では、①プロジェクト実施期間中の進捗管理を目的として実施予定期間中の中間時に、1）中間評価調査を実施し、外部

評価者によるプロジェクトの進捗管理を評価し、場合によっては、計画の追加・修正を実施する。②プロジェクトの終了時には、2）終了時評価調査を実施し、計画の達成度や成果の発現を測定・評価し、計画の終了や実施期間の延長、実施内容の追加・修正を実施する。通常はこの段階でプロジェクトは終了するが、③プロジェクト終了後3〜5年後の相手側実施機関の自立発展性や類似案件への波及効果の有無などを確認することを目的とした3）事後評価調査を実施することもあり、この事後評価調査については、案件ごとに実施する場合と国別事業評価調査という形で、一定期間中に実施された複数のプロジェクトを国別や地域別でまとめて事後評価を実施する場合もある。これらの評価調査では、評価5項目（＝妥当性、有効性、効率性、自立発展性、インパクト）による評価が実施され、評価調査によって重要視される項目は、変わってくる。

　地域開発プロジェクトについては、プロジェクト期間が終了した後に、1）相手国の実施機関が自立発展して開発を維持継続できるのか？　という点と2）そのプロジェクト自身をGood practiceとして波及効果が発現しているのか？　といった2点が非常に重要となってくる。この2点が、評価調査の中で重要視されるのは、終了時評価調査と事後評価調査においてであり、ここでは、両評価調査の報告書が入手可能であった○○プロジェクトと△△プロジェクトを事例として分析し、どのようなプロジェクトの体制、運営方法、技術移転方法が地域開発案件に対して有効なアプローチであったかを検証していく。

2. 地域開発の海外事例

①中米カリブ地域　生活改善研修コース（本邦研修・集団研修）

　JICA筑波（JICA本邦研修を実施する国内センターの1つ）では、平成17年から6年間にわたり中米カリブの対象8か国（メキシコ、グアテマラ、ホンジュラス、エルサルバドル、ニカラグア、コスタリカ、パナマ、ドミニカ共和国）にお

ける参加型農村開発研修を実施した。研修内容は、日本の戦後復興時に実施された生活改善普及事業のノウハウを日本で学び自国で応用するものであった。帰国研修員は、各国内・各国間で生活改善ネットワークを形成し、活動やそのモニタリングを共有した。この研修は、従来の個人ベースでの技術習得にとどまらず、ネットワーク活動によって各国で実施された生活改善活動の経験や有用技術の共有を可能とする画期的な研修であった。

その研修では、帰国研修員ネットワーク（REDCAM：現在約200名が加入）が各国間で結成され、その活動には地域格差はあるものの、最後の研修が終了して8年が経過した現在でもネットワークメンバー間での交流や地域での活動は継続されており、JICAのフォローアップも続いている。

また、このネットワークを利用した情報交換や資料収集から新たなプロジェクトの案件形成や第三国専門家の派遣などへも派生し、JICAが1954年から継続する本邦研修による技術移転の1つの成功例として挙げることができる。

普及ワークショップ（パナマ）

農家集会（コスタリカ）

②ボホール総合農業振興計画：BIAPP（技術協力プロジェクト）〈履歴No.08〉

BIAPP = Bohol Integrated Agriculture Promotion Project. フィリピンのボホール島は、第7管区（セブ島、ボホール島、シキホール島）内の食糧生産を担うことが行政から期待されており、農業の比重が管区内の他地域に

比較して高いが、自作農主体の営農体系のために農業開発自体は遅れていた。1980年代の日本の援助で開発された農業技術が農家レベルまで普及してないことも課題であった。

　そこで1996年から2001年までの5年間で農業振興をその目的として、農家レベルまで普及し得る技術体系の実証と、その普及を目的に本技術協力プロジェクトが実施された。（以下、フェーズⅡと表記）

　栽培、水管理、農業機械、普及・研修の各分野4名の技術協力専門家とチームリーダー、業務調整員の6名体制で現地農業省（Department of Agriculture：DA）の普及員をカウンターパートとして、各分野の技術研修を中核農家への人材育成として実施した。

　このプロジェクトが開始される前段階として、「ボホール農業振興センター（BAPC）」（以下、フェーズⅠと表記）という名称のプロジェクトが1982年から1986年まで実施された。このプロジェクトの目標は、農業技術開発・普及の拠点としてのBAPCの立ち上げにあり、ボホール島の州都タグビララン市郊外に事務棟、実験棟、土壌分析室、農業機械整備室、図書室、研修宿泊棟、食堂、実演展示圃場などが日本の政府開発援助（無償資金協力）によって建設され、その後この施設を利用して「ボホール農業振興センター計画」（技術協力）が実施された。

　フェーズⅠプロジェクトでは、本拠地の確保、技術協力のための研究・調査の実施（技術開発）とカウンターパートの人材育成などの基礎固めが実施された。プロジェクトの直接受益者は、BAPCの普及員であった。

　フェーズⅡは、その普及編であり、先のプロジェクトで開発された各分野の技術を応用し、農家レベルでの技術普及を目指した。対象地は、本拠地から150km離れた、ボホール島北東部ウバイの新興開発地で実施された。プロジェクトの受益対象者は、約500戸の農家であり、農民組織の強化と農家への訪問・巡回指導型の技術協力が実施された。

4-2. 地域開発に重要な視点

地域開発を構成する要素は大きく３つに分けられる。

1. 開発シナリオの策定
2. シナリオを具体化した「全体計画」の策定
3. 「全体計画」を実施する体制の構築・強化

「全体計画」についても３つに分けることができる。

1. 地域経済の発展とその活性化をメインとする「経済開発」
2. 地域発展の基盤を固めることを目標とする基礎インフラ整備などをメインとした「社会開発」
3. 開発に伴う環境への負荷を最小限とし地域の安全確保と自然環境保全などをメインとした「環境保全・防災」

これらの全体計画を実施する体制の構築とその強化のために開発計画の対象者へのキャパシティ・デベロップメントが必要となる。

構成要素 → 全体計画 → キャパシティ・デベロップメント　の流れで地域開発は進められるが、この流れは、2章で述べた「世界の地域開発」や「日本の地域開発」でも同様で、上位機関による開発計画（コロンボプランや〈五全総〉）を基本理念として国や地域ごとの開発計画（国別開発計画や地方単位での地域おこし）が実施され、最終的には地域開発の最終受益者である地域住民の人材育成に至る。このプロセスの踏襲は、いずれのケースも同様である。

目に見える地域開発の成果は、「経済発展」や「地域振興」、「住民生活の所得や利便性の向上」などであっても、対象地の住民の生活環境や経済状況が向上しなければ、住民からの支持を得ることは難しく、最終的には住民自身が自立発展できるような地域開発が「成功の鍵」となる。

授業内では、本節の具体例として前節に登場した BAPC と BIAPP を実

例として取り上げ構成要素と全体計画、キャパシティ・デベロップメントの関連性や実施の流れを理解する。

> 注：開発におけるキャパシティ・デベロップメントとは「個人、組織、制度や社会が個別に、あるいは集合的にその役割を果たすことを通じて、問題を解決し、また、目標を設定してそれを達成して行く"能力"（問題対処能力）の発展プロセス」としている。

5.「地域開発」用語集

第5次全国総合開発計画＝〈五全総〉関連用語を　①制度・法令　②社会インフラ　③環境・エネルギー　④情報　⑤サービス　に分類し解説する。（「→」は参照または本用語集に立項されていることを示す。）

①制度・法令

PFI（Private Finance Initiative）

広く、これまで公的部門が提供してきたサービスやプロジェクトの建設や運営を民間主体に委ね、政府はサービスの購入媒体になるという民間資金思想をいう。〈五全総〉では、従来は公的主体が担ってきた国土基盤投資においても、競争原理が働く民間主体に対して、事業を部分的ないし包括的に委ねることによって、より少ない費用で質の高い効果が得られることを期待している。〈五全総〉の目標達成のための戦略として「参加と連携」が提示されていることから、重要な用語のひとつであると言える。

TDM（交通需要マネジメント）**施策**

Traffic Demand Management の略。道路交通混雑の解消・緩和を図ることを目的に、自動車を含む各種交通機関の輸送効率の向上や交通量の時間的平準化など需要の調整を図る施策の総称。パーク・アンド・ライ

ド（家から駅までは車を使い、駅からは鉄道を利用すること）、自動車の相乗り
の促進、時差出勤、フレックスタイムの導入促進などもその例。〈五全総〉
では、国土基盤投資の計画的推進の節において、日本の国土基盤整備は
相当程度進んでいることを踏まえ、新たに基盤整備を進めるだけではな
く、これまでのストックを維持管理して有効に活用する必要があると述
べられている。そして、そのソフト的な対策として、この TDM 施策の
推進が提示されている。

漁獲可能量制度

　　沿岸国が自国の水域における生産資源の漁獲可能量（TAC）を決定し、
保存・管理措置により生物資源を適切に維持するとともに、自国の漁獲
可能力を決定し、余剰分の漁獲を他国に認めるという国連海洋法条約に
よる漁獲管理システム。沿岸国の生物資源についての主権的権利の行使
と義務の履行のために必要となる。日本では、制度として漁獲量を直接
的に管理する手法はとられていなかったが、「海洋生物の保存及び管理に
関する法律」を制定し、本制度を導入することになり、水産資源の量的
な管理に着手することとなった。　→国際海洋秩序（国連海洋法条約）［①制度・
法令］

沿岸域圏

　　〈三全総〉及び〈四全総〉によって示された「沿岸域」において、既存
の行政区域にとらわれず、自然的特性や社会経済的特性から、広域的に
一体として捉えることが合理的な区域の範囲。沿岸域利用に関するニー
ズや共通する環境問題等、広域的な処理が必要な課題の及ぶ範囲等にか
んがみ、圏域が設定される。

沿岸漁場の整備（沿岸漁場整備開発）

　　沿岸漁業整備開発法に基づき、沿岸漁業の基盤たる沿岸漁場の整備及
び開発を図る事業（同法第1条）。現在、第4次沿岸漁業整備開発計画（平

成6〜11年）に沿って、我が国周辺水域において総合的かつ計画的に①漁礁の設置、②増養殖場の造成、及び③漁場の保全の各事業を行っている。

　　→漁業者が自主的に資源を管理する（資源管理型漁業）［①制度・法令］

オフピーク通勤

　通常の通勤時間とずらし、比較的乗降客の多くないオフピーク時に通勤すること。いわゆる時差通勤。〈五全総〉では、特に混雑の激しい東京圏の都市鉄道について当面180％程度に緩和することを目指し、新線建設、複々線を進めるほか、オフピーク通勤の普及促進を図るとしている。

環境政策上の長期的な目標

　環境基本計画（平成6年12月閣議決定）において環境政策の長期的な目標として位置づけられた、「循環」、「共生」、「参加」、「国際的取組」の4つの目標。〈五全総〉では、国土の自然環境を美しく健全な状態で将来世代に引き継いでいくために、問題の性質に応じて環境影響評価、社会資本整備、環境教育、情報提供、経済的措置などを適切に組み合わせて活用するとし、その取組みを効果的に進めるための展開のひとつとして、環境政策上の長期的な目標に関する指標の開発、活用が挙げられている。

企業内ベンチャー

　企業活動で生み出された新技術等を活用して、企業の中で新しい事業を起こす活動、またはそのような活動をする人のこと。〈五全総〉では、企業内ベンチャーを評価する企業に対する支援等を行うとともに、チャレンジ精神を持った起業家を高く評価するなど、意識面からも地域の「産業創出の風土」［→⑤サービス］の構成を図るとしています。

旧村

　現在の行政上の区域を定めた「行政村」とは違い、行政の単位であるとともに、農耕の基盤となる山林や水利権などを持ち、共同で生産を営んでいくいわゆる「自然村」である村落共同体であった。1889(明治22)年、

市制町村制に伴う町村合併によって消滅し、旧町村はだいたい隣保共同体としての性格を持ったまま残ることとなった。〈五全総〉では、農山漁村環境の保全と創造 [→③環境・エネルギー] による「美しさ」「アメニティ」の確保のために、地域の独自性尊重の立場から住民の自発的活動が重要であるとし、個々の住民及び集落、旧村等という小規模共同体の主導的な活動が求められるとしている。

京都議定書

1997年12月に京都で開催された気候変動に関する国際連合枠組条約第3回締約国会議で、我が国が議長国として採択した議定書。先進国の温室効果ガスの排出削減目標を定める法的文書として位置づけられ、対象ガスの排出について、我が国の割当量として、2008から2012年の目標期間中に、基準年（二酸化炭素については1990年）に比べ6%の削減が求められている。〈五全総〉では、自然界の物質循環への負荷の少ない国土を形成する観点から、京都議定書の着実な実施に向けた地球温暖化対策について総合的に検討を進め、必要な措置を講ずると記述されています。

漁業者が自主的に資源を管理する（資源管理型漁業）

水産資源の特性や実態を最もよく把握している漁業者が交互に話し合い、資源に対する過度の漁獲活動を自粛し、資源の状態に応じた禁漁期、禁漁区の設定、漁具、漁法の制限等自主的な管理を実施することで、資源の再生産と資源の有効利用を適切に図りつつ漁業経営の安定化を目指す漁業のあり方である。〈五全総〉では、水産業の新たな展開として、国連海洋法条約に基づき、新たな漁獲可能量制度の定着を図るとともに、漁業者が自主的に資源を管理するなどの取組みを通じて、多面的な資源管理を推進するとしている。また、それにあわせて、海洋の持つ生産力を最大限に生かし、持続的かつ高度な利用を図るため、沿岸漁場の整備等のつくり育てる漁業 [→③環境・エネルギー] を総合的かつ有機的に推

進するとし、このため、資源・漁獲管理情報システムの整備や漁場造成技術の開発等を進めるとしている。

グローバルゲート

　世界各国と多方面多頻度の航路で結ばれた国際的な規模と機能を有した競争力の高い国際空港、国際港湾。このうち、ブロックレベル等の需要に対応するものを地域グローバルゲートと呼ぶ。〈五全総〉では、国際的な規模と機能を有した競争力の高い国際空港を東京圏、関西圏、中部圏に、国際港湾を東京湾、大阪湾、伊勢湾、北部九州に配置し、北海道、中四国等の各ブロックに地域のゲートとなる国際空港、国際港湾を配置するとしている。

減災対策

　自然の外力（地震動など災害の素因となる自然の力）に対して、災害の発生を完全に防ぐのではなく、総合的に災害による被害を少なくするような施設整備、ソフト対策をいう。なお、設計に用いる外力を超える外力に対して、被害の規模を小さくするような対策を、特に超過外力対策という。〈五全総〉では、減災対策を重視すると記述されており、そのために重要度に応じた設計基準の導入や自然災害の予測、災害対策マニュアルの整備、都道府県や市町村相互の広域的な協力体制などを推進するとしている。

高層住居誘導地区

　都市における居住機能の適正な配置を図るため、高層住宅の建設を誘導すべき地区を都市計画において位置付け、容積率の引き上げ、斜線制限の緩和、日影規制の適用除外等を行う。〈五全総〉では、都心部において居住機能を回復するとともに、長時間通勤等の問題に適切に対応するよう、土地の有効利用に配慮しつつ、職住のバランスのとれた都市構造の形成を図るための施策のひとつとして挙げられている。

交通アセスメント制度

　開発行為等による交通影響を計画段階で予測し、照査し、必要に応じて各種対策を講じることによって円滑な道路交通等の確保を図る制度。〈五全総〉では、人の移動について、複数の交通機関の連携による環境への負荷の少ない体系を築くため、パーク・アンド・ライドや新交通システム等の導入の他、交通アセスメント制度等の新たな取組みを強化するとしている。

公的介護保険制度

　寝たきり等介護を必要とする者に対して、保険料を主たる財源とする社会保険方式により、社会的支援を行う仕組み。平成12年度より施行されることとなっている。〈五全総〉では、豊かな長寿福祉社会を実現するために、寝たきり等要介護状態の発生を極力防止するとともに、介護を必要とするに至った場合でも、利用者本位の質の高い多様なサービスを受けながら、安心して住み慣れた過程や地域で暮らしていける社会的支援システムを構築すると述べられている。

国際海洋秩序（国連海洋法条約）

　平成6年11月に発効した国連海洋法条約に基づく、海洋における国家の権利、義務等に係る新たなルール。国連海洋法条約では、12海里の範囲内で領海を、また200海里の範囲内で排他的経済水域 [→①制度・法令] を設定すること等を沿岸国認め、それらの水域における沿岸国や他国の権利、義務等を認めている。〈五全総〉では、排他的経済水域内の水産資源について適切な権利の行使と義務の履行のため、漁獲可能量制度 [→①制度・法令] により再生産資源の特性を生かした水源管理を一層進め、あわせて、漁場環境の保全などによる持続的かつ高度な利用、海洋エネルギー等の調査・開発、海洋環境の保護への対応のための調査・情報整備等を進めるとしている。

災害文化

　　英語 disaster subculture の訳。通常は表には現れないが、災害時に非難行動、相互扶助、災害活動など、地域住民の行動範囲として現れる潜在的文化。繰り返される自然災害に対する生活の知恵として、地域の中で言い伝え、伝承されるもの。例えば、伊豆大島三原山の噴火時の、全国一斉非難行動の事例など。〈五全総〉では、近代化、都市化の過程で自然との接触が減り、生活様式の変化のなかで希薄化していることを指摘している。そして、改めて自然の二面性を念頭において人と自然の望ましい関係の構築を目指すとしている。

新ふるさと産業システム

　　中山間地域等を含む農山漁村では、農業生産、木材や薪炭の生産、漁業、農林水産加工等を複合的に行い「ふるさと産業システム」ともいうべき複合的な産業活動が行われてきたが、この考え方を基本に、今日の多様な要請を踏まえた上で、地域資源を最大限に活用する観点から農林水産業を基本としつつも、加工販売に加え、サービスの提供にまで複合的に取り組む多自然居住地域における産業展開のこと。〈五全総〉では、多自然居住地域の住民に所得機会を確保させるため、地域の特徴を生かし、従来の生産、流通、加工にとらわれない事業展開を図る必要があるとしている。それに加えて、「新ふるさと産業システム」とも呼べる事業展開やグリーン・ツーリズム、ブルー・ツーリズム［→③環境・エネルギー］等の展開を踏まえた自由時間対応型の産業への展開を進めることも必要であるとしている。

全国 1 日交流圏

　　全国の主要都市間の移動に要する時間をおおむね 3 時間以内、地方都市からの複数の高速交通機関へのアクセス時間をおおむね 1 時間以内にすること等による全国主要都市間で日帰り可能な交通圏のこと。〈五全総〉

では、全国交通体系について、高速性、利便性の高い、より高速な国内交通体系の形成を目指し、全国1日交通圏の形成を推進するとしている。

総合設計制度

敷地内に一般に公開された広場、緑地などの空き地を確保した良好な建築計画に対して、容積率の割増し、斜線制限等の緩和を行い、市街地環境の整備改善を図る制度。〈五全総〉では、高層住居誘導地区［→①制度・法令］と同様に豊かさが実感できる都市生活の実現のための施策のひとつとして挙げられている。

対アジアゲート

日本のある地域と特定のアジア諸国との間で、経済的なつながりなど種々の要因から交通需要が高く、この地域間に国際路線が成立する場合、こうした特定のアジア諸国との交流の玄関となる、地域に至近に位置する国際空港、国際港湾。〈五全総〉では、全国各地域からのアジアへのアクセスに関し、利便性の高いサービスを提供するため、地方圏において既存ストックを活用して、需要の高い特定のアジア諸国との交流の玄関となる空港、港湾の配置を構想するとしている。

短期入所生活介護（ショートステイ）

寝たきりの高齢者等を短期間預かり、家族等の介護の負担の軽減を図るもの。　→訪問介護（ホームヘルプサービス）［①制度・法令］

地域半日交通圏

全国1日交流圏［→①制度・法令］の一環として、その端末部分において、比較的近距離の地域間で形成される交通圏。半日での地域間での往復や余裕をもった日帰り活動を可能とする広域的な地域の交通体系であり、具体的には各地方の生活圏の中心となる都市から中核都市へおおむね1時間以内、中核拠点都市圏や主な物流ターミナル等へおおむね2時間以内のアクセス条件を想定。〈五全総〉では、地域半日交通圏の構想に基づ

き、陸海空の交通網が機能を分担し合い形成する列島を縦貫する複数の交通軸と、横断する主要な交通軸並びに広域的な活動を支える地域交通体系等により、国土に代替性の高い多様な利用可能性と自然災害に対する粘り強さが与えられ、質の高い国土軸を形成する基礎的な国内交通体系が築かれるとしている。

知識財

ソフトウェア、企画・設計、広告・宣伝、デザイン、研究成果等の、それ自身が独立した価値を持つ知識・技術・情報などをいう。〈五全総〉では、知識財を生産する産業の発展が見込まれることから、経済構造等の改革を視野に入れつつ、次の施策の展開等を通じて活力ある地域産業の構築と雇用機会の確保を図るとともに、国際的な立地競争力を高め、国際競争力の強化を図るとしている。

知的資本

知識・技術・情報等を創出する研究開発活動等に必要な施設・設備、制度・仕組みや、それらによって育成される創造的な人材等のこと。〈五全総〉では、知的資本を格段に充実するとともに、新規産業の創出や既存産業の新規分野への事業展開を促進する環境を整備することにより、大都市圏及び地方圏のそれぞれの地域において、地域の内部から自立的に新しい産業の展開を促す「産業創出の風土」[→⑤サービス]を醸成することが必要であるとしている。

地方拠点都市地域

平成4年に制定された地方拠点都市地域の整備及び産業業務施設の再配置の促進に関する法律に基づく地域。地域の創意工夫を生かしつつ、広域の見地から、都市機能の増進及び居住環境の向上を推進するための措置等を講ずることにより、地方拠点都市地域の一体的な整備の促進を図るとともに、過度に産業業務施設が集積している地域から地方拠点都

市地域への産業業務施設の移転を促進するための措置等を講ずることにより、産業業務施設の再配置の促進を図り、地方の自立的成長の促進と国土の均等ある発展に資することを目的としている。〈五全総〉では、地方圏における都市基盤整備が立ち遅れていることを指摘し、基本的方向を示している。

長期的・総合的な地域振興計画への助言・協力

関係核省庁の協力のもと、電源開発調整審議会電源立地部会において、電源立地地域の地方公共団体が策定する長期的・総合的な地域進行計画への助言・協力を実施。〈五全総〉では、原子力発電所等の立地の促進に際して、既設地点・新設地点を問わず、広域的な視点に立った地域振興が必要であることから、長期的・総合的な地域振興計画への助言・協力を行い、電源三法等の諸制度を活用して総合的な基盤の整備を図るとともに、地域経済の自立的発展に向けた地域の主体的な取り組みを支援するとしている。

定期借地権

借地契約の更新がなく、定められた契約期間で確定的に借地関係が終了する借地権。平成4年8月に施行された借地借家法により新設された。〈五全総〉では、特定優良賃貸住宅制度［→①制度・法令］と同様に、多様な住宅供給を推進するとしている。

電源三法

電源開発促進税法、電源開発促進対策特別会計法、発電用施設周辺地域整備法のこと。　→長期的・総合的な地域振興計画への助言・協力［①制度・法令］

特定優良賃貸住宅制度

中堅所得者等の居住の用に供する居住環境が良好な賃貸住宅の供給を促進するため、平成5年度に創設されたもので、民間の土地所有者等の建設する良質な賃貸住宅に関して、建設費及び家賃の減額に対する補助、

税の優遇等の措置が講じられる。〈五全総〉では、借家の居住状況を改善するために、この制度を用いて良質な賃貸住宅の供給の促進を図るとともに、前記の定期借地権の活用により所有面よりも利用面を重視した住宅建設を促進するなど、多様な住宅供給を推進するとしている。

都心共同住宅供給事業

3大都市圏の都心地域において、住宅立地を改善し、都心居住を推進するため、都市基盤整備を伴いつつ一体的・総合的に良質な住宅供給を図ることを目的とした事業。〈五全総〉では、高層住居誘導地区［→①制度・法令］と同様に豊かさが実感できる都市生活の実現のための施策のひとつとして挙げられている。

認定農業者制度

「農業経営基盤強化促進法」に基づき、市町村基本構想で示された効率的かつ安定的な農業経営の指標を目指して、農業経営の改善を計画的に図る農業者が自らの創意工夫により策定した計画を市町村が認定し、この計画が達成されるよう認定農業者に対して重点的な支援措置を講じる制度。〈五全総〉では、将来の農業の担い手を幅広く確保するためには、効率的かつ安定的な農業経営への農地の利用集積、地域農業の組織化等を行い、それぞれの主体が行う農業の適切な誘導を図ることが必要であるとし、認定農業者制度等の推進を図るとしている。

パーク・アンド・ライド

都心部等の自動車交通混雑の緩和を図るため、都心部へ乗り入れる鉄道の郊外駅、バスターミナル等の周辺に駐車場を整備し、自動車を駐車させ、鉄道、バス等公共機関への乗り換えを促すシステム。〈五全総〉では、VICS［→④情報］と同様に交通渋滞の緩和や都市機能の円滑な発揮を図るための施策のひとつとして挙げられている。

排他的経済水域

国連海洋法条約により規定された海洋における水域で、領海の測定の際に基準となる線から200海里を超えない範囲で設定ができ、その水域内においては、沿岸国に同水域のすべての漁業・鉱山資源等に関する排他的管轄権、海洋汚染を規制する権限等が与えられている。　→国際海洋秩序（国連海洋法条約）［①制度・法令］

バリアフリー

障害者や高齢者が行う諸活動に不便な障害^{バリアー}を取り除くことの総称。例として、階段の代わりに緩やかなスロープをつけたりすることが挙げられる。〈五全総〉では、ゆとりある生活を実現するためにバリアフリー化等により質の高い住宅ストックを形成するとしている。

日帰り介護（デイサービス）

高齢者をバスで送迎するなどして、入浴、給食、日常動作訓練等のサービスを行うもの。　→「訪問介護（ホームヘルプサービス）［①制度・法令］

東アジア1日圏

日本の各地域と東アジア各国との間で、出発したその日のうちに到達でき、一定の用務が行われるなど日本と東アジア地域との行き来が手軽になることをイメージした国際交通体系。対アジアゲート、グローバルゲート、国内アクセス交通等により形成される。〈五全総〉では、地球時代の到来を踏まえ、東アジア1日圏とも呼べる、次の国際交通体系の整備を構想するとしている。

複層状態の森林の整備

森林を側面からみたとき、樹木の上部に葉や枝が立体的に密生する部分（林冠）が単一の層を構成しているものを「単層状態の森林」、それ以外を「複層状態の森林」という。「複層状態の森林」への誘導及びその状態の維持のための森林整備であり、国土の保全や水資源のかん養などの

公益的機能の維持・増進に効果がある。〈五全総〉では、計画的な森林整備の推進に関して、水土保全機能の高い森林を整備するための推進項目として挙げられている。

フレックスタイム

勤務時間を自主的に決定できる制度。種々の形態があるが、一定時間帯を核時間（コアタイム）として含め、出退勤を自由とするのが一般的である。〈五全総〉では、VICS［→④情報］と同様に交通渋滞の緩和や都市機能の円滑な発揮を図るための施策のひとつとして挙げられている。

分収林

土地を借りて造林または育林し、利益を所有者（地主）と分け合うこと（分収）で造成される森林のこと。分収林は契約関係により成立し、この分収契約には、土地保有者と造林者または育林者の二者契約、土地保有者と造林者または育林者と費用負担者の三者契約がある。〈五全総〉では、森林管理の主体づくりの一環として、森林管理における多様な展開を図るための手法のひとつに分収林、森林整備のための基金等の活用の推進が挙げられている。

ベンチャーキャピタル

新技術や高度な知識を軸に創造的・冒険的な経営を展開している小企業をベンチャー企業と言い、そのベンチャー企業に対し、株式の取得等を通じて投資する企業、またはこうした企業の資本そのもの。〈五全総〉では、新規産業の創出や既存産業の新規分野への事業展開を促進し、地域における雇用の創出を図るための施策として挙げられている。

防災生活圏

地域防災のために、住民や地域コミュニティの自主的な行動と自衛的手段の強化の基本的な単位として、防災拠点等と核として形成される生活圏。防災訓練、自主防災活動、避難などの集団的な活動を行う単位で

あるとともに、防災拠点等の防災のために必要な施設等を備える。〈五全総〉では、防災対策において、住民やコミュニティの自主的な行動と自衛的手段の強化が重要とし、防災生活圏の形成を促進して災害の発生可能性を視野に入れた行動の定着、防災教育の充実、消防団などの自主防災組織の機能強化を図るとしている。

訪問介護（ホームヘルプサービス）

日常生活に支障のある高齢者がいる家庭を訪問介護員（ホームヘルパー）が訪問して提供する、介護・家事サービス。〈五全総〉では、高齢者が介護を必要とするに至った場合においても、できる限り住み慣れた家庭や地域で暮らしていけるよう、在宅サービスに重点を置いて、保険・医療・福祉サービスの質的、量的な充実を図るとしている。

ボランティア休暇制度

企業、官庁等において、社員・職員のボランティア活動への参加を奨励するため、休暇・休暇取得を認める制度。〈五全総〉では、ボランティア活動は地域づくりの国民参加の主要な手法となり得ることから、一層の推進を図るための支援策のひとつとしてボランティア休暇制度を推進するとしている。

メンテナンスフリー化

構造物の安全性、機能等を保持するにあたって、基本的には維持修繕を必要としないようにすること。〈五全総〉では、効率的投資をする上で最も重要な課題のひとつとして、海外諸国に比べ割高となっている建設コストを縮減し、限られた資金の中で基盤投資を進めることを挙げている。そしてメンテナンスフリー化は、それを推進するための例として提示されている。

輸入促進地域

輸入促進と地域振興・対内投資の促進を目的として、「輸入の促進及び

対内投資事業の円滑化に関する臨時措置法」に基づき、指定される輸入品の荷捌き保管施設展示場、情報通信センター等の輸入インフラを集積した外国貿易港湾や国際空港及びその周辺の地域。〈五全総〉では、空港、港湾が地域からの世界との交流の玄関として機能するよう、輸入促進地域整備との連携、空港、港湾等の交通拠点と連結する高規格幹線道路、地域高規格道路、高速鉄道等のアクセスの強化を進めるとしている。

ライフサイクルコスト

初期投資にあたる建設コストに、維持管理コスト、廃棄及び更新にかかるコストを加えた、構造物のいわば一生にかかるコスト。〈五全総〉では、メンテナンスフリー化［→①制度・法令］は、このライフサイクルコストの低減を目的としている。

ラムサール条約

特に水島に注目し、その生息地として国際的に重要な湿地及びその動植物の保全を進めることなどを目的とした条約。各締約国の領域内にある、国際的に重要な湿地の登録と保護、締約国間の施策の調整、支援などについて定めている。我が国は1980年に加入、釧路湿原等10箇所を登録（1998年3月現在）。〈五全総〉では、まとまりのあるすぐれた自然環境を有する国立公園等を、美しく健全な国土を形成する上での基礎的な蓄積として保全、整備を行うとし、その際、地域の自然的、社会的特性や国際的な取り決めを考慮するとしている。

リカレント教育

技術革新の著しい発展や産業構造の変化等に対応して行われる教育のこと。ここでは、社会人や職業人が必要な知識・技術を修得するために、大学等に再入学して学習・研究等を行うことをいう。〈五全総〉では、技術革新が著しい進展等に対応して高まりつつあるリカレント教育に対するニーズを踏まえ、その整備を図るとしている。

リダンダンシー

　「冗長性」、「余剰」を意味する英語 redundancy であり、国土計画上では、自然災害等による障害発生時に、一部の区間の途絶や一部施設の破壊が全体の機能不全につながらないように、あらかじめ交通ネットワークやライフライン施設を多重化したり、予備の手段が用意されている様な性質を示す。〈五全総〉では、阪神・淡路地域の復興の項で使用されている言葉。「生活の再建」「経済の復興」「安全な地域づくり」のうち3つめの「安全な地域づくり」のため、交通基盤とを兼ね備えた安全で快適なまちづくりを推進すると記述されている。

リバースモーゲージ

　金融機関・公共団体等が、高齢者にその所有する住宅等を担保として年金式の融資を有期又は終身で行って、死亡時又は融資期間終了時に住宅等を処分して清算する資産活用性度。〈五全総〉では、高齢者が自己の資産を有効に活用しながら介護費用や生活費用を確保すると同時に、高齢者の居住の安定を図る観点から、この制度について検討を進めるとしている。

流域圏

　流域圏は、その圏域の対象とする範囲が「流域および関連する水利用地域や氾濫原」で示される地域において、水質保全、治山・治水対策、土砂管理や、森林、農用地等の管理などの、地域が共有する問題について、地域が共同して取り組む際の枠組みとして形成される圏域。三全総における流域圏とは、概念が異なるもの。〈五全総〉では、人と自然の望ましい関係の構築のために、4つの推進方針を提示している。流域圏は③において触れられている。簡単に内容を触れると、①災害は必ず起きるものとして国土の安全性を向上する。②環境保全への積極的な取組みをする。③健全な水循環の保全、再生等に向けて、地域間や行政機関相互の

連携を図りつつ対策を充実する。④自然の系を中心として共通性を有する沿岸域圏において、地域の連携による様々な取組みを行う、と記述されている。

林業経営体

　代表的には林家や林業会社を指すが、このほか、都道府県や市町村等の地方公共団体、分収林の制度を活用して林業所有者に代わって森林整備を行う森林整備法人、奥地の水源林の造成など民間では造林投資が困難な森林整備を行う森林開発公団等多様な主体があり、森林を保有し、森林を経営する権限をもつ者のこと。〈五全総〉では、森林管理の主体づくりの一環として、林業経営体や林業事業体の自助努力を基本としつつ、これらに対する適切な支援を行うとしている。

林業事業体

　林業経営体からの委託等により、森林設備、木材の伐採等を行う森林組合、造林業者、木材生産業者等をいう。これらの林業事業体では、複合化や協業化等を図り、経営基盤を強化し、担い手を確保することが重要な課題となっているが、近年、これらの事業体や市町村等が出資した第三セクターの事業体の設立も見られている。　→「林業経営体」［①制度・法令］

②社会インフラ

CIQ

　Custum（税関）、Immigration（出入国管理）、Quarantine（検疫）の頭文字をとったもので、出入国の際、必ず受けなければならない手続き。〈五全総〉では、中枢拠点の国際競争力を強化するための施策のひとつとしてCIQ機能の整備の取り組みが挙げられている。

ITS（高度道路交通システム）

　Intelligent Transport System の略称。最先端の情報通信技術等を用い

て人と道路と車両とを一体のシステムとして構築することにより、ナビ
ゲーションシステムの高度化、有料道路等の自動料金収受システムの擁
立、安全運転の支援、交通管理の最適化、道路管理の効率化を図るもの。
安全、快適で効率的な移動に必要な情報を迅速、正確かつわかりやすく
利用者に提供するとともに、情報、制御技術の活用による運転操作の自
動化等を可能とするシステム。〈五全総〉では、TDM（交通需要マネジメ
ント）施策［→①制度・法令］と同様に、これまでの国土基盤整備の蓄積
を活用するためのソフト的な対策として提示されている。

M&A

Merger and Acquisition の略で、企業の合併・買収のこと。〈五全総〉
では、外資系企業の工場や研究所の立地需要が増加することが考えられ
ることから、対日投資促進の観点から、金融上の措置やM＆A環境の整
備等の課題に対して積極的に対処するとしている。

TSL（新形式超高速船）

Techno Super Liner の略。速力50ノット（時速約93km）、貨物積載重
量1,000トン、航続距離500海里（約930km）以上の能力を有し、荒れた
海でも安全に航行できることを目標に開発した超高速船。〈五全総〉では、
超伝導磁気浮上式鉄道と同様に扱われている。

うみ業

地域の活性化を図るために、①漁業者等の地域特有の海域に関する知
識を活用した釣り・潮干狩り等の遊漁、②ダイビング・ヨット等の海洋
性レクリエーションに係わる事業や民宿の経営、③地元産の新鮮な水産
物と固有の名物料理の提供、④水産物の加工・販売等の海に関わる事業
を組み合わせた複合産業のこと。〈五全総〉では、海を生かした多産業複
合的な取組みを推進し、地域の活性化を支援すると述べられている。

河川舟運路

海域と内陸を結ぶ河川舟運路を整備することにより、河川を経由する水上バスの就航や小型タンカーによるガソリン輸送等が可能になり、物流の効率化や陸上輸送の代替による環境負荷の低減に資するとともに、大規模災害時においては緊急物資の輸送手段として活用されることにより、都市の防災性の向上に資する。〈五全総〉では、都市の防災性の向上の項において、災害に強い都市構造の形成のための整備項目のひとつとして挙げられている。

関西圏

　大阪・京都・神戸と社会的、経済的に一体性を有する地域。具体的には、京都市、大阪市、神戸市を中心として、大津市、奈良市、和歌山市及び関西文化学術研究都市等を含み一体となった都市圏を構成する地域。

　→地方中枢都市圏，地方中核都市圏［②社会インフラ］

共同溝

　昭和38年に制定された共同溝の整備等に関する特別措置法に基づく施設で、占用工事に伴う交通渋滞や道路の不経済な損傷を防ぐため、電話線、電力線、ガス管、水道管、下水道管等の公益事業のための物件を道路の地下に共同で収容するもの。〈五全総〉では、上記の河川舟運路と同様の都市防災性の向上の項において、ライフラインに関する施設の防災性向上のひとつとして挙げられている。

共同集配システム

　個別に行われていた物資の集配を共同集配センターで行い、また、共同集配用のトラックが各店舗等を回ることにより、貨物車の積載効率を高め、効率化を図るシステム。〈五全総〉では、物流について、環境への負荷の低減と経済構造改革の進展のため、その効率化を重要な課題としており、重点的整備を行うとしている。そのための施策のひとつとしてトラック輸送の輸送効率を向上させる共同集配システムの構築が挙げら

れている。

漁場造成技術の開発

　沿岸漁場整備開発事業では、コンクリートブロック等による漁礁の設置、魚介藻類が育成する上で必要な生息場・餌場等を整備する増殖場の造成等を行っており、これらの手法に関する新たな技術開発であり、マウンド漁場造成システム、人口浮海底システムの開発等がある。　→漁業者が自主的に資源を管理する（資源管理型漁業）［①制度・法令］

切土

　道路などを山腹に整備するときに、山腹の土砂を切り取ること。これとは逆に山腹に土砂を盛り上げ所要の高さを確保することを盛土という。〈五全総〉では、環境に配慮した施策の推進として、切土などの自然の改変量の最小化、盛土部における動物用の小トンネルの設置等、自然と調和した環境を想像する諸政策を進めるとしている。

ケアハウス

　車いすやホームヘルプサービス等を活用し自立した生活を継続できるよう工夫された施設。居室は原則個室であり、生活相談、食事、入浴、緊急時の対応等のサービスを行うほか、虚弱化の進行に対しては在宅福祉サービスにより対応する。　→シルバーハウジング［②社会インフラ］

広域観光ルート

　外国にアピールする日本固有の特色を反映したテーマのもとに開発された観光ルート。歴史街道や日本ロマンチック街道等の取組みが行われている。〈五全総〉では、下記のパブリックアクセスと同様に、海上交通網を活用した広域観光ルートの形成等、海を通じた連携・交流を推進するとしている。

高規格幹線道路

　全国的な自動車交通網を構成する自動車専用道路であり、高速サービ

スの全国的な普及、主要拠点間の連絡強化を目標とする。高速自動車国道及び一般国道の自動車専用道路で構成される。〈五全総〉では、環境と調和した都市空間を創造する観点からリサイクルの推進等とともに、高規格幹線道路のインターチェンジ周辺等における広域物流拠点の整備や立体交差化の促進、公共交通機関の整備等を図るとしている。

高規格堤防

河川の計画規模を超える洪水による越水や長時間にわたる浸透が生じても破損しない幅の広い緩傾斜の堤防をいう。堤内側の堤防上での土地は通常の土地利用ができるため、親水性豊かな良好な住宅宅地基盤整備の形成に資することにもなる。〈五全総〉では、施設規模を超過する洪水に対する減災性に考慮し、まちづくりと一体となった整備を推進すると述べられている。

高性能林業機械

樹木をつかみ、伐採し、枝を取り払い、さらに、一定の長さの丸太に切り分ける「ハーベスタ」と呼ばれる林業機械のように、多くの木材生産の工程をまとめて処理できる機械のこと。労働生産性の向上と労働強度の軽減に大きな効果があり、近年、全国各地で急速に導入が進んでいる。〈五全総〉では、地域の特性に応じた森林整備とその生産材利用の推進に向け、流域を基本単位として、いわゆる川上から川下に至る関係者の連携の下、木材の生産、加工、流域等に一体的に取り組む森林の流域管理システムを推進するとしている。この施策のひとつとして高性能林業機械のレンタルが挙げられている。

工程間分業

1つの製品に関し、工程によって生産を自国と海外で分担すること。例えば、部品生産はコストの安い海外で、加工組立は技術の確立している自国でというようなこと。〈五全総〉では、産業機械等の資本財や自動

車や電気部品等の技術水準の高い中間財、少量生産・高付加価値型の消費財等の産業は、今後ともアジア諸国との工程間、製品間分業を一層深化させ、完成品、部品の輸出入や人的交流を飛躍的に増大させつつ、着実に成長することが期待されることから、地方圏においても広域国際交流圏の形成による国際交流基盤の整備を促進するとしている。

高齢者向け優良賃貸住宅

高齢者が安い家賃で住めるバリアフリー対応の賃貸住宅。バリアフリー対応で緊急時対応設備を備えた住宅を供給する民間の土地所有者に対し、建設費の補助等が行われる。新築のほか既存住宅も対象となる。

→シルバーハウジング［②社会インフラ］

国際海上コンテナターミナル

国際的な規模、機能を有する海上コンテナ輸送のための港湾施設。大型岸壁、コンテナクレーン、コンテナフレートステーション（CFS）などで構成される。〈五全総〉では、国際交通体系整備のための計画期間中の施策として、港湾については東京湾、大阪湾を始め4大域に大水深で高規格名国際海上コンテナターミナルを整備するとしている。

国際観光テーマ地区

テーマルートを核に、各観光地と宿泊滞在拠点との一体的な魅力形成を図る広域的な地区。

コミューター空港

定員10数人から数10人乗りの小型機等を使った地域航空便であるコニューター機を発着させる空港。〈五全総〉では、航空に関して、大都市における拠点空港、地方の拠点空港及び離島空港並びにコミューター空港やヘリポートをターミナルとして遠隔の地域間等を自由度の高い経路で直結する国内航空網を形成するとしている。

コンベンションホール

大規模な国際会議や学会を開くための機能を備えたホール。〈五全総〉では、国際的な交流拠点の形成の項でこれらの交流施設の整備の推進が述べられている。

産地直送住宅

一般的には、地域の林業・木材加工業と密接にかかわり、伝統的な工法・技術をもつ大工・工務店が、地域以外の住宅消費地に出張し、地域の木材を活用して建築する住宅のこと。近年、森村見学会等の多様な取組のなかで、消費者の産地や森林への関心も含め、これへの関心が高まっている。〈五全総〉では、木の文化［→③環境・エネルギー］の展開に向けた施策のひとつとして、産地直送住宅への取り組みを挙げている。

住宅マスタープラン

地方公共団体が地域特性に応じた住宅整備を図るため、住宅事情等に係る現状の分析、住宅対策の課題の整理、住宅対策の基本方向、地域特性に応じた具体的施策の展開方針等を定めるもの。〈五全総〉では、良質な住宅・宅地ストックの形成の項において、ゆとりある生活を実現するために住宅マスタープランに基づいて、バリアフリー化、省エネルギー化、高耐久化等により質の高い住宅ストックを形成するとしている。

シルバーハウジング

高齢者の生活特性に配慮した設備・仕様を施すとともに、ライフサポートアドバイザー（生活援助員）による緊急時における連絡等のサービスの提供により、高齢者の居住の安定に資する福祉施策と連携した公共賃貸住宅。〈五全総〉では、高齢者に配慮した住宅の整備として、シルバーハウジングや高齢者向け優良賃貸住宅、ケアハウス等の整備を推進するとしている。

水稲直播

稲作の生産性向上のために、育苗、田植等の春作業を省略して本田に

直接播種する栽培法。田植機を用いた機械移植の普及等から昭和50年頃より減少傾向にあったが、近年、春作業の労働ピークの平準化効果が見直され、大規模経営体を支える基盤技術として早急な技術・普及が期待されている。〈五全総〉では、生産性の向上、担い手の労働快適化等を図るため、水稲直播技術等の生産現場に直結した技術開発、バイオテクノロジー等の基礎的、先導的な研究を推進するとしている。

生活貯水池

山間部や半島、離島等の地域において、流域の治水対策とあわせて、トイレの水洗化等生活環境の向上に資するとともに、渇水時の安定的な水資源の確保を図るもの。通常のダム貯水池に比べると、貯水容量が小さいこと等の特徴を有する。〈五全総〉では、渇水対策の強化のために、生活貯水池、海水淡水化、地下ダム等の多様な手段により安定的な水資源を確保するとしている。

製品間分業

同種の製品に関し、製品の熟度によって生産を自国と海外で分担すること。例えば、成熟品はコストの安い海外で、高付加価値品は技術のある自国でというようなこと。　→工程間分業［②社会インフラ］

大区画ほ場

30a程度の標準区画ほ場に対し、概ね1ha程度以上の区画のものを指す。区画を大きくすることにより、労働生産性が高まり、稲作生産コストは下げられる。〈五全総〉では、食料の生産力の向上を図り、効率的で安定的な経営体が、生産性や労働力、財政投資のあり方を総合的に調整し進めて行くことをその方針としている。

耐震強化岸壁

大規模な地震などの振動にも本来機能を失わずに活用できるよう、特別に設計・建設された岸壁。〈五全総〉では、地震災害時の円滑な救命、

救急、復旧活動を支えるための緊急輸送ネットワークを全国各地に構築するとしている。このための施策のひとつとして港湾、漁港における耐震強化岸壁の整備が挙げられている。

大深度地下空間

　一般的には、土地所有者の通常の利用が行われない地下のこと。権利調整期間の長期化、事業費に占める用地費の割合の上昇などにより社会資本整備が停滞しがちな大都市圏等において、鉄道、道路、水路等の社会資本整備の進展に向けて、こうした空間を活用した法制度が創設できないか検討が進められている。〈五全総〉では、大都市における活動空間や公共施設のための空間の不足に対応して建築物と一体となった立体道路の建設等の推進とともに、大深度地下空間の公共的利用の円滑化に資する方策について、安全性の確保や環境の保全に配慮しつつ検討を進めるとしている。

大都市地域における住宅及び住宅地の供給に関する基本方針

　平成２年に改正された大都市地域における住宅及び住宅地の供給の促進に関する特別措置法に基づき、大都市圏における住宅・宅地ｊ問題解決のための国及び関係地方公共団体等の共通の指針として、平成３年に三大都市圏の大都市地域について策定されたもので、その後、都心居住及び災害復興の観点から作業が行われ、平成８年４月に変更された。平成17年度までの10年間の住宅・宅地供給目標量、住宅・宅地の供給促進施策等が定められている。〈五全総〉では、上記の住宅マスタープランと同様に、これに基づいて質の高い住宅ストックを形成するとしている。

地域高規格道路

　高規格道路を保管し、地域相互の交流、促進等の役割を担う規格の高い道路。具体的には、４車線以上の車線で、60〜80km以上の速度サービスを提供できる自動車専用道またはこれと同等の機能を有する道路。

→輸入促進地域 ［①制度・法令］

地下ダム

　地中に遮断壁を設け、地下の砂礫地盤や石灰質岩盤の空隙に人工的に地下水を貯留し、ポンプ等の揚水により地下水位を管理し、水資源開発を行う施設。水資源の少ない離島地域等において設置の実績がある。生活貯水池［→②社会インフラ］と同様。

地方中枢都市圏、地方中核都市圏

　地方中枢都市圏及び地方中核都市圏とは、それぞれ札幌、仙台、広島、福岡北九州の地方中核都市及び地方圏（東京圏、関西圏、名古屋圏の三大都市圏以外の地域）における県庁所在地や人口が概ね 30 万人以上の都市である地方中核都市と社会的,経済的に一体性を有する地域。〈五全総〉では、地方中枢都市圏や地方中核都市圏が人口、高次都市機能の集積を高め、その効果を広域的に波及させつつあり、地域の自立的発展の拠点としての役割が高まってきていることに触れ、この動向今後とも継続すべきものであるとしている。このため、東京圏、関西圏、名古屋圏の三大都市圏とともに高次都市機能の集積の拠点、広域国際交流圏の拠点としての中枢拠点都市圏と位置付け、機能の分担と連携を図りつつ、全国土に及ぶ中枢拠点都市圏のネットワークを重点的に形成するとしている。

超大型浮体式海洋構造物

　こう鉄製の浮体ユニットを結合した数 km 規模、耐用年数 100 年以上の海洋に浮ぶ巨大構造物であり、人工地盤としてその上に施設等を建造することにより、海洋空間の高度利用を図るものである。地震による影響が小さく、潮流や生態系への影響等も少ないことから新しい工法として期待されている。なお、巨大という意味の MEGA と、浮体という意味の FLOAT を組み合わせて、「メガフロート」とも呼ばれる。〈五全総〉では、超伝導磁気浮上式鉄道と同様に扱われ、特に国土空間の有効利用に関する技術としている。

超伝導磁気浮上式鉄道

　極低温（マイナス269度）で電気抵抗が0になる超伝導現象による強力な電磁石の磁力を利用して車両を浮上走行させる鉄道のこと。超高速・低公害等の特性を有し、新しい時代にふさわしい輸送手段として期待されている。要はリニアモーターカーだが、〈五全総〉においては「次世代に備えた効果的な基盤投資」の段で触れられている。そして、この投資が効果的なものとなるよう、研究成果の活用度等により適切な評価を実施しつつ行うとしている。

電線共同溝

　安全かつ円滑な交通の確保と景観の整備を図ることを目的として、道路地下に光ファイバ、電力ケーブル等をまとめて収容する空間。〈五全総〉では、上記の共同溝と同様にライフラインの防災性向上のための整備として整備を図るとしている。

東京圏

　東京と社会的、経済的に一体性を有する地域。具体的には、東京都区部を中心として、八王子・立川市、浦和市・大宮市、千葉市、横浜市・川崎市及び土浦市・筑波研究学園都市の業務核都市並びに成田等の副次核都市を含み一体となった都市圏を構成する地域。　→地方中枢都市圏、地方中核都市圏［②社会インフラ］

特別養護老人ホーム

　常時介護が必要で家庭での生活が困難な高齢者を入所させる施設。〈五全総〉では、特別養護老人ホームや老人保健施設等の施設の整備を、老人保険福祉圏域ごとの広域的な調整やまちづくり等に配慮しつつ、計画的に推進するとしている。

都心部の空洞化

　大都市の都心部において居住人口が減少するとともに、これに伴い生

活利便施設の減少やコミュニティの衰退など生活機能が低下する現象。〈五全総〉では、「参加と連携」による国土づくりの考え方に沿って、地域がそれぞれの個性、多様性を生かしながら豊かで活力ある都市づくりを進め、国はそれを支援、推進するなど、多様な主体間の適切な役割分担と連携を図りながら、都市の整備を進め、空洞化の進んでいる中心市街地の活性化を始めとする都市の再構築を図るとしている。

トランジットモール

商店街への自動車の乗り入れを制限し、歩行者専用空間としたショッピングモール等に、路面電車、バス、あるいはトロリーバス等路面を走行する公共交通機関を導入した空間。〈五全総〉では、地方中枢・中核都市圏における軌道系の交通機関として、トランジットモールの整備と併せた質の高い路面電車等の導入を推進するとしている。

名古屋圏

名古屋と社会的、経済的に一体性を有する地域。具体的には、名古屋を中心として、岐阜市、豊田市及び四日市市等環状に展開する諸都市を含み一体となった都市圏を構成する地域。　→地方中枢都市圏、地方中核都市圏［②社会インフラ］

農地の流動化（農地の集団化）

農地の流動化は、経営規模を拡大する農業者に農地に関する権利を移すことであり、農地の流動化のねらいは規模拡大と同時に、農地の有効利用にある。また、各農家が利用する農地が分散している場合、農業委員会などが農地の権利調整を行って各農家の農地を集団化して所有・利用できるようにすること。我が国の農家の所有耕地面積は狭小で、しかも農地が多数の箇所に分散している場合が多い。分散している農地の集団化を図る有効な手法として、ほ場整備等に伴う換地処分及び交換分合がある。〈五全総〉では、農地の流動化を促進するとしている。

パブリックアート

　駅や公園などの公共空間に設置されたモニュメントや壁画などの芸術作品。近年、都市再開発の一環として大規模な公共空間に美術作品を取り組む例が増加している。〈五全総〉では、美観に優れ、ゆとりある都市空間の形成のための方法として挙げられている。

パブリックアクセス

　人々が海辺へたどりつくための道路等の手段と、たどりついてからそこで憩い、遊ぶことができるような海辺環境を包括した概念。具体的には、水際線へのアクセス、水際線に沿ったアクセスに景観（視覚）上のアクセスを包括するものである。〈五全総〉では、海と人との多様な関わりの構築として、津波などの防災面や自然環境面に加え、臨海部・海岸を多様な機能をもつ空間として整備するとし、パブリックアクセスの確保も記述されている。

防災安全街区

　道路、公園等の都市基盤施設が整備されるとともに、医療、福祉、行政、避難、備蓄、エネルギー供給等の機能を有する公共・公益施設を集中整備し、相互の連携により、地域の防災活動拠点となる地区。〈五全総〉では、上記の河川舟運路と同様に災害に強い都市構造の形成のための整備項目のひとつとして挙げられている。

防災公園

　大震災時の避難地、避難路となる都市公園で、広域防災拠点（おおむね50ha 以上。国営公園、大規模公園等）、広域避難地（10ha 以上。都市基幹公園等）、一次避難地（1ha 以上。近隣公園、地区公園）、避難路となる緑地、緩衝緑地に分類される。〈五全総〉では、防災生活圏の形成促進のため、地域の拠点となる防災拠点や防災公園等の整備を推進するとともに、学校や公民館などを災害時に活用できるよう整備を促進するなど、一般の施設と防

災施設との相互の連携を図るとしている。

訪問看護ステーション

　看護婦等が在住の寝たきりの高齢者などを訪問し、介護に重点をおいた看護サービスを提供する訪問看護事業を行う事務所。　→訪問介護（ホームヘルプサービス）［①制度・法令］」

埋蔵文化財センター

　地方公共団体の設置する、埋蔵文化財の発掘調査、出土品等の管理、展示学習機能などを備えた施設。〈五全総〉では、有形の文化財の保存と活用のため、埋蔵文化財センターの整備等を推進するとしている。

リゾート型サテライトオフィス

　自然豊かな地方に立地する、パソコンやファクシミリなどを設置し高度情報通信技術を用いて本社等と連絡をとりながら業務を行う職住近接のオフィス。〈五全総〉では、情報処理サービス等の立地自由度の高い産業の展開を図るためには、リゾート型サテライトオフィス等の多様な知的生産活動の場を提供するなど、これらの産業を地域の新たな産業や就業機会として定着を図ることが必要であるとし、交通情報通信基盤の整備等により情報・デザイン分野を始めとする地域産業を担う人材の育成及び UJI ターンのより一層の促進を図るとしている。

リニアメトロ

　リニアモーターカーを動力とする地下鉄。在来の鉄輪式鉄道に比べ、台車、床下機器などの小型偏平化を実現し、トンネル断面の小型化、路線線型への急曲線、急勾配の適用による建設コストの低減化、低騒音化が図られる。大阪市鶴見緑地線、東京都 12 号線ですでに実用化し、神戸市、福岡市においても今後建設される計画。〈五全総〉では、陸上交通網の整備に関して、ITS やリニアメトロ等の新しい交通システム、質の高い路面電車の開発、導入等を進めるとしている。

療養型病床群

　　主として長期にわたり療養を必要とする患者を入院させるための一群の一般病棟であり、人的・物的両面において長期療養患者にふさわしい療養環境を有する病床群。　→特別養護老人ホーム［②社会インフラ］

老人保健施設

　　入院治療は必要ではないが、家庭に復帰するために機能訓練や看護・介護が必要な高齢者のための施設。　→特別養護老人ホーム［②社会インフラ］

老人保険福祉圏域

　　厚生省の通知により、都道府県老人保健福祉計画において設定することとされている圏域。保険・医療・福祉の連携を図る観点から、基本的には医療計画における二次医療圏と合致させることが望ましいとされており、特養の整備の目標量等について、圏域ごとに調整することとされている。　→特別養護老人ホーム［②社会インフラ］

ロードプライシング

　　混雑地域や混雑時間帯の道路利用に対して、課金をし、公共交通機関の利用促進や交通量の時間的平準化を図る手法。導入にあたっては、施策の合理性、利用者の受容性を十分勘案する必要がある。なお、シンガポールなどの一部都市で実施事例がある。〈五全総〉では、都市内の交通の円滑化を図るため、道路交通容量の拡大や駐車場の整備等の他、パーク・アンド・ライドの推進、ロードプライシングの検討等を含め、TDM（交通需要マネジメント）施策等を総合的に推進するとしている。

③環境・エネルギー

環境影響評価

　　開発事業による環境悪化を未然に防止する観点から、開発事業の実施に先立って、あらかじめ、その事業がもたらす環境への影響について調査・

予測又は評価を行い、その結果に基づき、環境保全措置を講じようとするもの。我が国では、閣議決定要綱、個別法、地方公共団体の条例、要綱等に基づき実施されてきたが、1997年6月に「環境影響評価法」が成立・公布され、2年以内に全面施行されることになっている。

環境共生住宅

地球環境を保全する観点から、エネルギー・資源・廃棄物などの面で十分な配慮がなされ、また、周辺の自然環境と親密に美しく調和し、住み手が主体的に関わりながら健康で快適に生活できるように工夫された住宅、及びその地域環境。〈五全総〉では、環境との調和を図るため、省エネルギー化の推進とともに、環境共生住宅の建設促進を図るとしている。

環境保全型農業

農業の持つ物質循環機能をいかし、生産性との調和などに留意しつつ、土づくり等を通じて化学肥料、農薬の使用等による環境負荷の軽減に配慮した持続可能な農業。〈五全総〉では、農業は農村空間における物質循環機能を生かして営まれてきたが、近年、農業生産活動における農薬や化学肥料の多投入や不適切な使用等による土壌や水質等環境への悪影響も生じていることから、将来的に持続可能な農業の展開を図っていく必要があるとしている。

感染性微生物対策

水道水に混入し、激しい下痢などを引き起こす原虫「クリプトスポリジウム」等に対する対策。国内では埼玉県越生町で1996年6月、水道水に混入したこの原虫によって5千人以上の集団感染が起きた。米国では40万人が感染した例もある。〈五全総〉では、きれいな水、おいしい水への国民の希求が高いことから、水道水の供給においては水道水質管理を強化すると記述されている。

木の文化

　我が国では、恵まれた森林資源から算出される木材を、燃料、食品等の日用品、各種の産業資材、住宅等の幅広い分野で、それぞれの用途の特性に応じて有効に活用する知恵や技術を育んできたが、このような知恵や技術を基礎として、再生産可能な木材資源を豊かに活用して培われてきた生活様式の総体のこと。〈五全総〉では、世界的に木材需要が増大する一方、地球全体として減少と劣化が進む森林の状況を踏まえ、毎年、蓄積が増加している国内資源を有効かつ持続的に利用していく必要があるとしている。

供給熱量自給率

　国内生産量を国内消費仕向量（国内生産額＋輸入量－輸出量－在庫の増加量［又は＋在庫の減少量］によって算出される）で除して算出された品目別自給率を供給熱量でウエイト付けして算出したものであり、畜産物については飼料自給率を考慮している。平成7年の供給熱量自給率は42％で先進国のうちでも異例に低い水準である。〈五全総〉では、日本の供給熱量自給率が先進国のうちで極めて低いことによる弊害を懸念して、食料を安定的に供給していく必要性を指摘し、国内生産、輸入及び備蓄を適切に組み合わせる必要があるとしている。

グリーン・ツーリズム

　緑豊かな農山漁村地域において、その自然、文化、人々との交流を楽しむ滞在型の余暇活動のことで、具体的には、都市住民等が農山漁村の民宿などに滞在し、森林や河川等の自然を舞台にしたレクリエーションやスポーツ、農林漁業体験、農山漁村の生活体験、伝統芸能や伝統工芸の体験等を楽しむ旅行をいう。〈五全総〉では、農用地等の利活用に関して触れられており、国民が広く農用地と触れ合えるように推進すると記述されている。そのために、耕作放棄地等を樹林帯や花畑に転換したり、

農作業を通じた体験学習等が行えるような施設整備と支援システムを充実させるなどの手法が挙げられている。　→ビオトープ・ネットワーク、市民農園［③環境・エネルギー］；新ふるさと産業システム［①制度・法令］

混交林

特殊な土壌条件下に成立するアカマツ林、森林の消失等のあとに一斉に成立する「二次林」と呼ばれる森林としてのハンノキ林等の単一の樹種により構成される森林を単純林といい、これに対し、性質の異なる2種類以上の樹種が混じって生育する森林を混交林という。〈五全総〉では、計画的な森林整備の推進に関して、生物多様性の保全、人と森林とのふれあいの促進のための推進項目のひとつとして混交林化が挙げられている。

自然維持地域

高い価値を有する原生的な自然の地域（原生自然環境保全地域等）や野生生物の重要な生息・生息地（鳥獣保護地区等）、すぐれた自然の風景地（自然公園）など、自然環境の保全を旨として維持するべき地域。第三次国土利用計画（全国計画）において都市、農山漁村と並列して示された地域類型の1つ。〈五全総〉では、保全、回復された自然環境について、自然維持地域や農山漁村、都市といった地域の特性を考慮しつつ、自然とのふれあい、自然への理解を深める場として活用すると記述されている。

市民農園

一般には、都市の住民等農業者以外の人々が農地を利用して農作業を行うことを通じて、レクリエーションや児童の教育等の多彩な目的に利用される農園。市民農園整備促進法では、特定農地貸付けの用に供される農地又は、相当数の者を対象として定型的な条件で、営利以外の目的で継続して行われる農作業の用に供される農地とそれらに付帯して設置される施設の総体。〈五全総〉では、ビオトープ・ネットワークの整備と

同様にグリーン・ツーリズムや美しい村づくりを推進するために市民農園を活用するとしている。　→グリーン・ツーリズム［③環境・エネルギー］

新エネルギー

　自然エネルギー等の再生可能エネルギー、リサイクル型のエネルギーに加え、従来型のエネルギーの新たな利用形態も含む。例えば、太陽光発電、廃棄物発電、クリーンエネルギー自動車、コジェネレーション（火力発電等において、電力と同時に熱を供給するシステム。熱は空調システムなどに活用される）、風力発電、波力エネルギー等。〈五全総〉では、超伝導磁気浮上式鉄道と同様に扱われ、特に環境負荷の低減に資する技術としている。

森林生態系

　森林において成り立つ、土壌生物、動物、樹木、草木等のそれぞれが形作る密接な代謝・共存の系を総括していう。例えば、樹木の葉や果実は、小動物の餌となり、同時に、小動物は樹木の花粉や種子の運搬車となり、落葉や小動物の遺体は、昆虫や土壌微生物等の働きによって樹木の成長に必要な土壌に還元される。〈五全総〉では、国有林の管理の充実に関して触れられており、森林生態系の保全にかんがみ、木材生産機能重視から公益的機能重視に転換するなど、国民の要請と時代の変化に対応して新たな展開を図るとしている。

森林文化

　森林に恵まれた国土条件のもとで培われた森林を保全しながら豊かに利用する知恵や技術、生活様式の総体をいう。例えば、古くから、森林を維持しつつ炭薪等の木材、山の幸等を持続的に利用する制度や技術が育まれてきたが、今日、人と森林とのかかわりが希薄化する中で、森林文化を新たに展開することが求められている。〈五全総〉では、今後は、森林の重要性につき国民意識の一層の向上に努めつつ、都市と山村の交

流などにより森林とのふれあいや森林づくりなどの森林管理の仕組みの再構築、木質資源を持続的・安定的に利用するライフスタイルの定着への取組みなどにより、21世紀型の森林文化の育成に取り組むとしている。

生態系ネットワーク

生態系のバランスや安定性の維持・向上という観点から、国土に系統的に配置された野生生物の生息・生育空間全体を指す。孤立した形で残る自然性の高い森林についてその連続性を確保すること、異なる地域に位置する湿地を連携して一体的に保全すること、などにより形成される。〈五全総〉では、国土の自然環境の保全、回復を図る際には、国土規模での生態系ネットワークの形成を目指すことが求められるという認識の下で系統的、骨格的、持続的でその特性に応じた生物生息空間の維持、形成を図るとしている。

接続可能な森林経営

森林は、現在及び将来の人々への木材、木製品、水、食料、飼料、医薬品、燃料、住居、雇用、余暇、野生生物の生地、景観の多様性、炭素の吸収源・貯蓄源といった生産物及びサービスの供給のため持続的に経営されるべきという、1992年、国連で採択された「森林原則声明」に示された基本理念に基づく森林経営のこと。〈五全総〉では、海外との技術協力等の推進に加えて、国内の森林は地球全体の森林の一部という認識のもとに、接続可能な森林経営の推進を図るとしている。

地域エネルギーの有効活用施設

地域社会を中心にエネルギーの需要と供給が密接に結び付いた小規模・分散型利用のエネルギーを有効活用して、発電、温水供給等を行う施設。太陽光、太陽熱、地熱、中小水力、風力、バイオマス等の自然エネルギーや廃熱・廃棄物エネルギー等を活用したものがある。〈五全総〉では、自然の浄化能力や自然エネルギーに恵まれている地域は、物質循

環への負荷の低減を図るために、これらを活用することが重要であるとしている。その例のひとつとして地域エネルギーの有効活用施設の整備が挙げられている。

つくり育てる漁業

資源の維持培養や漁業生産の安定を図るため、増養殖場の造成・魚礁の設置等「海の畑づくり」である沿岸漁場の整備開発事業、魚介類の棚苗生産・放流等「海の種づくり」である栽培漁業、さけ・ますふ化放流事業といった増殖事業、一定の区画の中で企業的に魚介類を養成する養殖業等を取りこんだ新しい漁業のあり方をいう。〈五全総〉では、水産業における食料の安定的供給のための施策のひとつとして挙げられている。

内分泌攪乱化学物質（環境ホルモン）

エンドクリンともいう。体内でホルモンと類似した作用を示すことにより、ホルモンシステムに影響を与えることが懸念されている化学物質。定義や影響実態、作用機構等は未解明の部分が多いが、一部のプランクトン可塑剤や、農薬、経口避妊薬の原料等があげられ、生殖器の萎縮や精子数の減少、行動異常などの影響が指摘されている。〈五全総〉では、環境悪化が進んだ地域では、環境の回復に向けた取組みを強力に進める必要があり、環境ホルモンなどの人の健康や生態系に有害な影響をもたらすおそれのある化学物質については、環境リスクを低減させるための取組みを推進するとしている。

二次的な自然

元来の自然の作用と農林漁業の生産活動、薪炭材の採取等の人間の生活行動が長期にわたって相互に作用した結果生じた半人工的な自然ともいうべき自然。農地、人工林、薪炭林等を自然環境の原点からとらえたもの。その維持には、人間と自然両者の営利がうまく調和する必要がある。〈五全総〉では、自然環境の保全のため、農林水産業等を通じた二次的な

自然の維持、形成、市民団体等との連携による里山林等の維持、形成を進めるとしている。

農山漁村環境の保全と創造

農林水産業等を通じた二次的な自然の維持、形成をはじめとした自然環境の保全、回復、また、農産漁村が独自に有する景観、「美しさ」、「アメニティ」を保全または創り出しながら、農山漁村空間を整備していくという概念をあわせて「農山漁村環境の創造」としている。〈五全総〉では、地域づくりや森林、農地、河川、海岸の整備等において、農山漁村環境の保全と創造による「美しさ（森林、農地、集落、市街地等が良好な状態に維持管理され、健全に機能することにより実現される価値）」「アメニティ（そこに住み、そこを訪れる人々に適切に管理された地域空間が与える心地よさ）」の存在が基本的条件であるとしている。

ビオトープ・ネットワーク

ビオトープとは、特定の生物群集が存在できるような、特定な環境条件を備えた均質的なある限られた地域。ビオトープ・ネットワークとは、個々のビオトープが植栽、水路等により有為的に連携された広がりのある生息空間をいう。〈五全総〉では、グリーン・ツーリズムや美しい村づくりを推進するための項目として挙げられている。　→グリーン・ツーリズム［③環境・エネルギー］

ブルー・ツーリズム

漁村における豊かな自然環境、漁村生活、漁村文化等のストックを生かし、漁業活動や漁村の生活と調和した余暇活動のこと。近年、漁村や海辺で憩い滞在することやスポーツ活動を行うこと等の海洋性レクリエーションに対する国民の志向も高まっており、漁村地域の活性化の新たな展開として期待されている。　→新ふるさと産業システム［①制度・法令］

水と緑のネットワーク

都市化の進展等に伴い健全な水循環が損なわれている都市近郊地域において、現存の河川、都市下水路等のネットワーク化を図り流水を相互に融通するとともに、隣接する都市公園とも一体的な整備を行うことにより、都市内河川・水路の水質浄化、流況改善、良好な緑地環境の創出を図る。〈五全総〉では、緑地、水路、河川等の整備を連携して行い、都市の快適性や防災性の向上に資するとしている。

④情報

ATM（非同期転送モード）

　Asynchronous Transfer Mode の略。広帯域 ISDN を実現させるための中核となる伝送、交換技術。従来の交換機に替えて、音声、映像等多様な情報を効率的かつ高速に送れる ATM 技術を取り入れた交換機を導入し156Mbps 以上の通信速度の実現を目指して研究が進んでいる。→デジタル化［④情報］

CALS（生産・調達・運用支援統合情報システム）

　情報通信ネットワークを活用し、関係企業間で生産、流通、開発、企画、管理部門等がデジタル化された多様な情報を共有しながら業務を進めることにより、非効率性の改善、意思決定の迅速化、業務の高度化等を実現するシステム。　→コンテンツ［④情報］

CATV

　Cable Television の略。有線テレビジョン放送施設。〈五全総〉では、多チャンネル化、高機能化、高画質化を進める見地から、地上放送については 2000 年以前にデジタル放送が開始できるよう制度整備等を進めることを目標として所要の取組を推進することとし、衛星放送、CATV についても、デジタル化を推進するとともに、これらメディアの一層の普及、充実を引き続き図るとしている。

EC（電子商取引）

Electronic Commerce の略。情報通信ネットワークを活用し、不特定多数を対象に商取引、決済等を行うシステム。　→コンテンツ［④情報］

GIS（地理情報システム）

Geographic Information Systems の略。地理的位置や空間に関する情報を持った自然、社会、経済等の属性データ（空間データ）を統合的に処理、管理、分析し、その結果を表示するシステム。これにより、電子地図をベースに様々な地理的情報（都市計画、防災、福祉に関する情報等）を重ね合わせて、より迅速、正確、高度な処理を行うことができる。　→コンテンツ［④情報］

ISDB（総合デジタル放送）

Integrated Services Digital Broadcasting の略。広帯域伝送路により、音声放送、テレビ放送、文字放送、データ放送等のデジタル信号を利用目的に合わせて単独または組み合わせて伝送する放送。　→全光処理システム［④情報］

ISDN（サービス総合デジタル網）

Integrated Services Digital Network の略。音声、ファクシミリ、データ、映像等の情報を大量に、高品質かつ経済的に伝送するため、サービスごとの個別ネットワークではなく、1つのデジタルネットワークにより統合して提供する公衆サービス。　→デジタル化［④情報］

VICS（道路交通情報通信システム）

Vehicle Information and Communication System の略。ドライバーが移動中、リアルタイムな道路交通情報を取得し、適切な経路の選択等を可能とするビーコン。FM多重放送を使った情報通信システム。情報として、各経路の渋滞情報、所要時間、交通規制情報、駐車場の満空情報等が提供される。〈五全総〉では、交通渋滞の緩和や都市機能の円滑な発

揮を図るための施策のひとつとして挙げられている。

アプリケーション

　　従来は、一般的にアプリケーションソフトウェアを指し、利用者が具体的に特定の仕事を処理できるように作られたソフトウェアをいうが、ここでいうアプリケーションは、その意味を広くとらえ、利用場面に応じた情報通信の有効な利用方法のことを言う。例えば、公的アプリケーションの開発とは公的サービスのある分野で、高度な情報通信ネットワークの利用方法を開発すること全般を指し、当然必要なソフトウェアの開発を含む概念である。〈五全総〉では、交通サービスの享受に格差が避けられない離島などを中心に、地域が主体となってテレワークや教育、医療等の公的アプリケーションの開発と導入のためのプランを作成し、それに併せて、これらの地域に光ファイバ網等の導入を図るとしている。

インターネット

　　TCP/IC プロトコルを使用して相互に接続されている世界的なネットワークの総称。米国の研究用ネットワークを起源とし、当初は軍事目的のネットワークであったが、現在では我が国を含む170か国以上にまたがり、900万台以上のホストコンピューターが接続し、研究情報の交換、データベースの提供、電子メールによる連絡、コンピューター資源の共同利用等に広く用いられている。〈五全総〉では、森林管理に関する記述として、山村の生活に触れるなど森林文化を共有し、これを培う機会の充実を図るための基盤整備のひとつとしてインターネットによる情報提供が挙げられている。その他の章においても、通信に関連した内容が何度も記されている。

広帯域 ISDN

　　光ファイバ、ATM 交換機等により実現される 156Mbps 以上の高速な伝送速度を提供する ISDN。　　→デジタル化［④情報］

高度化、広帯域化

　　伝送速度を高速化すること。通信のために使用する周波数帯を広げること。　→シームレス［④情報］

コミュニティ放送

　　市町村内の一部の区域において、地域住民に対し、「電波のタウン紙」として既存の県域放送では満たされない、地域に密着した情報を提供することを目的に平成4年1月に制度化された超短波（FM）放送。
→情報の蓄積システム［④情報］

コンテンツ

　　ネットワーク上を流通する映像、音声、文字等の情報資源をいい、利用者に分かりやすいあるいは使いやすい形で提供されることで、生活、業務、娯楽等に利用される。例えば、データベースに蓄積されている情報等があげられる。〈五全総〉では、活力ある産業活動の実現や交通の代替機能等を通じた国民生活の利便性の向上及び環境への負荷の低減を進めるためには、知的活動の基盤となるネットワークや放送により流通するコンテンツの質的、量的充実やネットワークインフラの持つ能力を十分に利活用する先進的なアプリケーションの開発と普及が不可欠であるとし、その施策として GIS の整備、EC、CALS 等の実証、普及の推進等が挙げられている。

シームレス

　　個々のネットワーク相互の接続性に優れ、利用者があたかも1つのネットワークであるかのように利用できるいわば継ぎ目のない情報通信体系。〈五全総〉では、シームレスな多重的情報通信体系を整備するため、光ファイバ網の整備に加え、有限な資源である電波の効率的な利用と新たな周波数帯域への利用拡大を図りつつ、無線系ネットワークの拡充と高度化を進めるとしています。特に、容量の面で光ファイバ網とのシー

ムレスな通信環境形成の隘路（あいろ）となる可能性のある移動通信については、高度化、広帯域化等の研究開発の成果を踏まえ、光ファイバ網と円滑な接続が可能となる無線アクセスの実現を目指すとしている。

資源・漁獲管理情報システム

　平成9年1月から実施された漁獲量管理制度（TAC制度）を円滑に推進するため、一元的に水揚げデータを管理するシステム。漁獲量管理制度では、対象6魚種について割り当て漁獲量を設定しており、漁業者からの漁獲報告及び産地市場からの水揚げデータを収集・解析し、集中管理を行うものである。　→漁業者が自主的に資源を管理する（資源管理型漁業）

［①制度・法令］

情報の蓄積システム

　全国から被災者の安否等関心の高い情報が確認できるような、伝達の蓄積・取り出しが可能なシステム。電話の伝言システムが例としてあげられる。被災地以外にシステムを設置することで、輻輳（ふくそう）の緩和を図ることができる。〈五全総〉では、災害発生時の情報収集、加工、伝達の各能力の著しい低下を補うため、通信と放送の各手段の特性を最大限に生かした災害に対して粘り強い情報通信体系を整備するとしています。このための施策のひとつとして電話によりアクセス可能な情報の蓄積システムの開発と導入及び交番、郵便局等地域の既存ネットワークやコミュニティ放送、パソコン通信の利活用による、住民の安否情報等の多様な情報伝達方法の確保が挙げられている。

情報リテラシー（情報活用能力）

　情報化社会の特質の理解やコンピュータ等を活用した情報の入手・加工・発信等に関する能力。〈五全総〉では、情報リテラシーの涵養（かんよう）のための多面的な取組を進めるとしている。

全光処理システム

　光信号を電気信号に変換せずに中継することにより、高速かつ効率的に伝送するネットワークを構築するための技術。2010年までに1テラ（1012712）bps の速度で1万 km の無中継伝送技術を実現すること等を目標とする。〈五全総〉では、世界的潮流である高度情報化の中で、次世代の情報通信体系構築のため、広帯域 ISDN、全光処理システム、成層圏プラットフォーム、ISDB 等の技術開発を推進するとしている。

成層圏無線プラットフォーム

　通信、放送等に利用するため、気候条件が安定しているおおむね高度20km の成層圏に滞空させた飛行船を用いた無線中継基地。　→全光処理システム　[④情報]

世界共通の陸上移動通信システム（IMT-2000/FPLMTS）

　International Mobile Telecommunications-2000/Future Public Land Mobile Telecommunication Systems の略。高速性と固定網なみの高品質を特徴とし、西暦2000年には世界中のどこでも使える通信速度2Mbps 程度のシステムの開発・実用化を目指して現在 ITU（国際電気通信連合）で標準化を検討しているシステム。〈五全総〉では、地球時代の高度情報化を支える世界的にシームレスな情報通信体系構築のため、国際協調と協力の下で諸政策を推進するとし、世界共通の陸上移動通信システム等国際的な通信システムの標準化に積極的に取り組むとともに、それを踏まえた世界共通のアプリケーションの開発、実証のため、世界的規模の共同プロジェクトを推進するとしている。

大容量

　動画像等の大容量の情報の高速送受信が可能となるものであり、通信速度はここでは 100 ～ 200Mbps 以上を想定している。〈五全総〉では、「情報活力空間」の形成の基礎として、通信ケーブルの光ファイバ化及び交

換機の高度化を進め、大容量の通信が可能な高度なネットワークインフラの全国整備を図るとしている。

デジタル化

　情報を0と1の数字の形に変換すること。ネットワークをデジタル化することにより効率的な伝送が可能となる。〈五全総〉では、当面の情報通信の高度化の需要にこたえるため、既存のネットワークを活用したISDNサービスの早急な全国普及を図り、さらに広帯域ISDNの導入と普及に向けた実用化実験やATM交換機の整備のための支援措置を講じつつ、光ファイバ網を利用した100～200メガビット級の格段に高速化する通信環境の早期の実現を図るとしている。

テレワーク（情報通信を活用した遠隔勤務）

　情報通信で仕事の成果、連絡等をやりとりすることにより、都市と地方、都市と郊外といった場所にとらわれず仕事を行えるような勤務形態。〈五全総〉では、マルチハビテーション（複数地域居住）やテレワーク等の住まいに対する新たなニーズに対応するため、郊外型住宅等の整備や住宅の情報化を推進するとしている。

電子図書館システム

　電子的情報資料を収集・作成・整理・保存し、ネットワークを介して提供するとともに、外部の情報アクセスを可能とする機能を持つシステム。〈五全総〉では、知的な刺激を受ける機会、すなわち知的機会を全国各地域に均等に提供するため、情報通信を活用し、多くの人々が低廉な使用料で容易に必要な情報や学習機会等にアクセスできるような環境を整備するとしている。

ネットワークインフラ

　光ファイバや衛星通信を始めとする情報の物的伝送装置。〈五全総〉では、①国土の隅々まで安定的で高度なネットワークインフラが整備され、

②だれもが何時でもそれを十二分に活用し、③活力ある生活と産業活動
を営むことを可能とする「情報活力空間」とすることを基本目標とし、
公的部門と民間部門の適切な役割分担により、情報通信体系の整備を進
めるとしている。

光通信システム技術

電気信号に代わり光信号により通信を行う技術。このうち、通信に係
る全処理を電気信号に変換することなく光信号により行うものを全光処
理システムという。〈五全総〉では、超伝導磁気浮上式鉄道と同様に扱わ
れている。

光ファイバ

光信号により情報を伝えるための伝送路。材質は石英ガラスを主成分
とするものが多く、直径は約0.1mm、ナイロンの被覆を含めても直径
1mm程度である。〈五全総〉では、下水道施設の有効利用を図るため、
下水道管渠を光ファイバ敷設空間として利用に供するとしている。

リスクポイント

交通、情報通信ネットワークにおいて複数の幹線が収斂しており、地
震等で同時被災を受けた場合、その途絶による障害が広域的に大きな影
響を及ぼす可能性を持った地域。〈五全総〉では、対策リスクポイントの
総点検等を通じ、交通体系全体としての安全性確保の観点から、必要な
ネットワークの多重化、多元化を図るとともに、国際コンテナターミナ
ル等について格段の耐震強化など施設の強じん化を図るとしている。

⑤サービス

アートマネージメント

文化施設の運営や芸術団体の活動、あるいは芸術文化関係の催しを、
より効果的で、成果のあるものとするための活動。具体的には、企画制作、

経理や組織管理等の管理関係の業務、広報活動やマーケティング業務等を行う。〈五全総〉では、地域における文化活動の環境整備としてアートマネージメントに係る人材育成の強化等ソフト面の政策に重点を置きつつ、その整備を推進するとしている。

小さな世界都市

中小規模の都市において、特定の分野、部門で世界的なレベルの都市を目指し、世界に誇りうるものを身につけ、世界に向けて情報発信することにより、国内外と活発に交流する個性的で魅力ある都市。〈五全総〉では、国際的水準の芸術文化の創造と発信が都市文化の洗練や「小さな世界都市」の形成につながるものであることを踏まえ、芸術創造活動を促進するとしている。

産業創出の風土

地域の内部から自立的に、新産業の創出や既存産業の新規分野への事業展開がなされるような地域の環境をいう。　→知的資本、企業内ベンチャー
[①制度・法令]

社会サービス

サービスのうち、医療・福祉、教育・文化等の公共的色彩の強い分野。〈五全総〉では、知的財産業が社会サービス産業の育成にも資するものとし、学習や企業活動の展開を促すために必要な情報を入手したり、知的な刺激を受ける機会の充実を図ることにより、地域の知的資本を充実させ、地方中枢・中核都市等において知的財産業等の立地を促進するとしている。

チャーター便

航空企業がユーザーとの貸切り契約に基づき、臨時的に不定期航空運輸事業として運行される航空便の通称。　→ポートセールス [⑤サービス]

ナショナルトラスト活動

　貴重な自然な歴史的な環境を保全するために、住民が資金を出しあって土地の取得や施設の運営を行う活動。〈五全総〉では、地域の貴重な自然や文化遺産等を守る上で重要な役割を果たすことから、支援の充実を図るとしている。

ポートセールス

　航路誘致等を目的とした、港湾管理者等による荷主、船会社等港湾利用者の開拓、そのための広報、宣伝等企業経営的観点に立った活動全般。〈五全総〉では、対アジアゲートについて、長期構想に沿って需要動向を勘案し、既存ストックを有効に活用して、順次、CIQ 等所要の機能を整備するとし、この際、ポートセールス、チャーター便就航等の需要集約の努力等を地域が連携して進めるとしている。

参考文献

（URL：2021 年 2 月 19 日閲覧）
外務省：
　　ミレニアム開発目標（MDGs）
　　　　https://www.mofa.go.jp/mofaj/gaiko/oda/doukou/mdgs.html
　　JAPAN SDGs Action Platform
　　　　https://www.mofa.go.jp/mofaj/gaiko/oda/sdgs/index.html
　　国際協力と NGO
　　　　https://www.mofa.go.jp/mofaj/gaiko/oda/shimin/oda_ngo.html
　　ODA（政府開発援助）研究援助調査研究報告書「主要援助国および主要国際援助機関
　　における NGO 支援策の比較調査」要旨
　　　　https://www.mofa.go.jp/mofaj/gaiko/oda/files/000073000.pdf
　　NGO 活動拡充支援のための調査
　　　　https://www.mofa.go.jp/mofaj/gaiko/oda/shimin/oda_ngo/shien/chousa.html
独立行政法人国際協力機構（JICA）：
　　中米カリブ地域看護基礎・継続教育強化プロジェクト
　　　　https://www.jica.go.jp/oda/project/0603034/index.html
　　なんとかしなきゃ！プロジェクト
　　　（2019 年 3 月末プロジェクト終了。実行委員会メンバー web サイトあり）
国土交通省：全国総合計画
　　　　https://www.mlit.go.jp/common/001116820.pdf
国際協力 NGO センター（JANIC）：NGO データブック 2016
　　　　https://www.janic.org/MT/pdf/ngodatabook2016.pdf
国際協力 NGO ジャパンプラットフォーム：JPF について
　　　　https://www.japanplatform.org/about/
The U.S. Department of Agriculture：Farming Systems Research
　　　　https://www.ars.usda.gov/northeast-area/beltsville-md-barc/beltsville-agricultural-research-
　　　　center/sustainable-agricultural-systems-laboratory/docs/farming-systems-project/
内閣府：NPO のイロハ
　　　　https://www.npo-homepage.go.jp/about/npo-kisochishiki/npoiroha
NPO ホームページ：npo-homepage.go.jp
各地の社会福祉協議会のホームページ

廣瀬昌平（2006）『国際協力成功への発想：アジア・アフリカの農村から』農林統計協会
江原宏・樋口浩和共編（2019）『熱帯農学概論』培風館
山本幸三（2018）『稼ぐ！　地方創生：世界が驚く！　日本の宝』タウン情報全国ネットワー
　　ク、実業之日本社
各種百科事典

あとがき

　国際協力という世界に入って35年を迎えた。すでに60歳を超え、開発の現場に立つことは、年々少なくなってきたが、この10年間で冨岡ゼミナールを卒業した学生は100名を超え、卒業後に国際協力分野に進む卒業生も何名かでてきた。

　現在、世界の開発はMDGs、SDGsといった世界規模の開発目標が示されている。こういう世界規模の開発にはどのように取り組んで行けば良いのか？

　難しく考えてはいけない。月々500円の寄付から救われる命もある、思い立ったら何らかのアクションを起こして欲しい、すべての人が現場に出る必要はない。ただ、これから開発の現場に出ていきたい人がこの本を読んで、一歩でも踏み出す気になってくれれば、幸いである。

　自分の未来を信じて、一歩踏み出してみよう。

　今回の出版に際し、特に後半部にまとめた開発協力サブノートの細かい手直しや辛抱強い対応をしてくださった大空社出版の西田和子氏、鈴木信男氏に心からお礼を申し上げたい。

2021年2月24日

冨岡丈朗

索引

ACFOD（Action For Community Development）　→アジア開発文化フォーラム

ADB（Asian Development Bank）　→アジア開発銀行

AFTA（ASEAN Free Trade Area）　*58*

APA（Appreciative Planning and Action）　*78*

APEC（Asia-Pacific Economic Cooperation）　→アジア太平洋経済協力会議

ASEAN（Association of South-East Asian Nations）：東南アジア諸国連合　→アセアン

ASEAN+3　→アセアン・プラススリー

ATM（Asynchronous Transfer Mode）　→非同期転送モード

AUC（African Union Commission）：アフリカ連合委員会　*69*

BIAPP（Bohol Integrated Agriculture Promotion Project）　→ボホール総合農業振興計画

BOP（Base of the Pyramid）ビジネス　*56*

BRAC（Bangladesh Rural Advancement Committee）　→バングラデシュ農村振興委員会

BRICs（Brazil-Russia-India-China）：有力新興国　*58, 60, 66*

CALS（生産・調達・運用支援統合情報システム）　*181, 184*

CARE（Cooperative for Assistance and Relief Everywhere）：海外援助救援協会　*88*

CATV（Cable Television）　*181*

CCWA（Christian Child Welfare Association International Sponsorship Program）　→基督教児童福祉社会国際精神里親運動部

CIQ　*159, 190*

Colombo Plan for Cooperative Economic Development in South and South-East Asia　→コロンボ計画

C/P（Counterpart）　→カウンターパート

CRTD　→農業技術開発センター

CSO（Civil Society Organization）連絡会　*91*

CUSO（Canadian University Service Overseas）　*88, 90*

EAC（East African Community）：東アフリカ共同体　*57*

EC（Electronic Commerce）：電子商取引　*182*

ECOMOG　→ ECOWAS

ECOWAS（Economic Community of West African States）：西アフリカ諸国経済共同体　*60*

Emerging Countries　→新興国

EU（European Union）：ヨーロッパ連合　*60, 62, 135*

EVI（Economic Vulnerability Index）：経済的脆弱性指標　*65*

Foreign Debt　→対外債務

Free Money Cooperation（Grant）　→無償資金協力

FSR（Farming Systems Research）　*76*

GIS（Geographic Information Systems）：地理情報システム　*182, 184*

GNI（Gross National Income）：国民総所得　*47, 72*

G8（Group of Eight）　→サミット／主要国首脳会議

G7（Group of Seven）　→サミット／主要国首脳会議

G20（Group of Twenty）　20か国地域首脳会議（金融サミット）　*61*

【著者紹介】冨岡丈朗（とみおか・たけあき）

日本大学国際関係学部教授

1959 年生まれ。

1984 年　日本大学(現)生物資源科学部国際地域開発学科卒業。

1985 〜 1999 年　青年海外協力隊や JICA 専門家としてコスタリカ、
　　スリランカ、フィリピンに赴任。

2000 〜 2011 年　開発コンサルタントとして数十か国の発展途上国
　　で ODA 業務を担当。

2000 〜 2006 年　筑波大学生命環境科学研究科社会人博士課程修了。

2011 年より　日本大学国際関係学部准教授。

2021 年 4 月より現職。

国際協力への扉

発　行　2021 年 4 月 26 日

著　者　冨岡丈朗　©2021 Tomioka Takeaki

発行者　鈴木信男

発行所　大空社出版
　　　　東京都北区中十条 4–3–2 (〒114–0032)
　　　　電話 03–5963–4451

印刷・製本　株式会社エーピーアイ

Printed in Japan
万一落丁・乱丁のあるときはお取り替え致します。

ISBN978-4-908926-51-8 C3030
定価 2,640 円(本体 2,400 円＋税 10％)

❖アジア／ことば・文学・芸術／近現代／近世・古典／教育
体育・スポーツ／福祉・医療・社会事業／歴史・地理❖

アジア学叢書 既刊 347 巻
江戸時代庶民文庫 第 2 期（第 61〜100 巻）配本中
シリーズ 福祉に生きる 企画・編集：津曲裕次 既刊 71 巻

京都「特別学級」成立史研究 史料と論究 玉村公二彦著 [2021.2] 17,091 円

絆を伝えるソーシャルワーク入門 社会福祉・児童家庭福祉・相談援助のサブテキスト
（改訂版）宮武正明著 [2021.2（三訂版）] 2,100 円

看護・保育・福祉・教職課程のためのセクシュアリティ論ノート
益田早苗著 [2018.4] 1,750 円

近代社会教育における権田保之助研究 娯楽論を中心として
坂内夏子著 [2019.8] 3,000 円

明治＝岩手の医事維新 医師・三田俊次郎の挑戦 三田弥生著 [2018.8] 2,400 円

「翻訳詩」事典 フランス編 榊原貴教編著 [2018.7] 28,000 円

資料集成 近代日本語〈形成と翻訳〉 全 18 巻・別巻 1
川戸道昭・榊原貴教編著 [大空社 2014-16] 揃 467,000 円

漱石を聴く コミュニケーションの視点から 小川栄一著 [2019.3] 3,600 円

文明開化の歌人たち 『開化新題歌集』を読む 青田伸夫著 [2017.12] 1,600 円

井上靖『猟銃』の世界 詩と物語の融合絵巻 藤澤全著 [2017.4] 1,600 円

歩いてみよう 志津と史跡・いまむかし 宮武孝吉著 [2018.9] 1,200 円

学校体育におけるボールゲームの指導理論に関する研究
フラッグフットボールを中心にして 宗野文俊著 [2018.3] 2,800 円

日本における女子体育教師史研究 掛水通子著 [2018.2] 16,667 円

鳩が飛び立つ日 「石井筆子」読本 男女共同参画と特別支援教育・福祉の母
津曲裕次著 [大空社 2016.3] 2,600 円

学校・施設アーカイブズ入門 学校・施設アーカイブズ研究会編著 [大空社 2015.9] 2,500 円

NHK わたしの自叙伝 CD 全 39 枚・別冊 1 [発行・NHK サービスセンター 2012（発売・大空社）]
蜷川虎三・藤山愛一郎・むのたけじ・森恭三・扇谷正造・小林勇・石垣綾子・丸岡秀子・今西錦司・
川喜田二郎・有賀喜左衛門・宮本常一・井上光貞・江上波夫・直良信夫・末永雅雄・本田正次・
木原均・林竹二・大村はま・城戸幡太郎・松前重義・丹羽文雄・井上光晴・尾崎一雄・黒岩重吾・
大原富枝・田宮虎彦・新藤兼人・今井正・今日出海・依田義賢・渡辺暁雄・高木東六・博多淡海・
北條秀司・森繁久彌・芦田伸介・長谷川一夫・田中千代・福本和夫・太田薫・永野重雄・水上達
三・瀬川美能留・吉野俊彦・高柳健次郎・井深大・黒沢酉蔵・山内みな・丹下健三・福山敏男・
島秀雄・茅誠司・早石修・河村郁・平澤興・湯浅八郎・葉上照澄・小笠原英法・中村真一郎・山
本茂實・石垣りん・松田解子・高光一也・八木一夫・寿岳章章・大江巳之助・手塚治虫・田河水
泡・横山泰三・濱谷浩・橋本宇太郎・笑福亭松鶴・平川唯一・辻嘉一・川上哲治・島岡吉郎

オーディオブック 三国志 CD 全 100 枚 吉川英治原作・橋爪功朗読 [大空社 2009] 236,190 円

赤い鳥 CD-ROM 全 3 枚 [大空社 2008] 60,000 円

USB 版 北斎漫画 Ver.2.0 葛飾北斎画 [（デジタル資料叢書）大空社 2015] USB1 本 35,000 円

2021 年 3 月現在

学術資料出版 **大空社出版**
www.ozorasha.co.jp

・表示価格は本体（税別）
・詳細内容案内進呈
・在庫はお問い合わせください